__________________________ 드림

초등 4학년

내 아이 진로를 찾아라

초판 1쇄 인쇄 2015년 12월 18일
초판 1쇄 발행 2015년 12월 24일

지은이 엄명종

발행인 장상진
발행처 경향미디어
등록번호 제313-2002-477호
등록일자 2002년 1월 31일

주소 서울시 영등포구 양평동 2가 37-1번지 동아프라임밸리 507-508호
전화 1644-5613 | **팩스** 02) 304-5613

© 엄명종

ISBN 978-89-6518-162-0 14370
　　　　 978-89-6518-165-1 (SET)

· 값은 표지에 있습니다.
· 파본은 구입하신 서점에서 바꿔드립니다.

초등 4학년

내 아이 진로를 찾아라

엄명종 지음

경향미디어

왜 진로 코칭인가?

15년 동안 코칭을 해 왔다. 그 동안 학부모와 학생, 그리고 학교 선생님들을 만났다. 그들은 내게 "어떻게 학생들에게 동기 부여를 할 수 있을까요?"라는 질문을 많이 하였다. "꼭 동기 부여가 필요한가요?"라고 반문하였더니, 그들의 대답은 "아이들이 불쌍합니다."라는 말로 귀결되었다. 한 번도 자신이 왜 공부를 해야 하는지 고민해 본 적이 없는 아이들이 만들어진 커리큘럼 속에서 움직여야 하는 꼭두각시처럼 보인 것이다. 누군가가 조종해 주지 않으면 움직이지 않는 인형 말이다.

'자기 주도적인 인생을 살아야 한다.', '인생을 살면서 가끔은 힘들고 어려운 일이 닥치더라도 좌절하거나 포기하지 않고 이겨 나가는 힘은 한순간에 만들어지지 않는다.', '좀더 의미 있게 살아야겠다.', '꿈을 위해 포기하지 않아야겠다.', '인생은 노력하는 사람을 배신하지 않는다.' 등의 생각을 학생들이 갖게 하기 위해서는 진로 코칭이 필요하다.

진로 코칭은 청소년들에게 특별한 동기 부여 사건이 될 수 있다. 특히 초등학교 시절부터 자신이 무엇을 좋아하는지 혹은 무엇을 싫어하는지 코치와 함께 고민해 보는 시간들은 자신을 알아 가는 경험의 시초이다. 그런 경험은 자녀가 사춘기가 되어 자신의 관심 직업군 멘토를 만나 인터뷰를 하고, 직업 세계를 알아 가는 데 밑거름이 된다. 그뿐만 아니라 이는 자신의 정체성을 발견해 나가는 데 아주 큰 계기가 된다. 이런 동기 부여는 한 사람의 인생을 보다 가치 있는 삶으로 만들어 주고, 무엇을 하든지 일관된 목표를 향해 힘 있게 헤쳐 나가는 생활을 하도록 돕는다.

진로 코칭은 진로 발견 의지가 있는 학생과 코치 간의 상호협력적인 약속이며, 세상의 깊은 필요와 자신의 재능이 만나는 지점을 대화로 찾아가는 과정이라고 요약할 수 있다. 여기서 주목할 것은 무엇보다 진로는 발견하려는 의지가 전제되어야 한다. 진로 코칭은 질문하는 코치와 진실된 관계를 바탕으로 시작한다는 점에서 일반 상담이나 컨설팅과 다르다. 즉 진실된 관계가 되지 않으면 주고받는 대화가 피상적일 수밖에 없기에 코칭이 어렵다.

그렇기 때문에 자녀가 사춘기가 되기 전에 진로 코칭을 하는 것이 보다 효과적이다. 보통 사춘기가 되면 학생들과 코치가 관계를 맺기 쉽지 않은데, 초등학생일 경우엔 쉽다. 초등학교 때 진로 코칭을 받은 아이들은 사춘기를 건강하게 보낼 수 있다.

이 책에서는 가정에서 학생들을 돕는 효과적인 진로 코칭 방법, 학교에서 진로 진학 상담교사가 주어진 시간 안에 학생들을 올바르게 코칭하는 방법, 청소년 관련기관에서 학생들의 진로 진학을 도와줄 때 도움이 되는 방법들을 소개하였다. 절대적인 삶의 기준을 찾고 있는 학생들에게 코칭을 할 때 진실된 마음으로 효과적인 질문과 답을 해 준다면 인생에서 잊을 수 없는 동기 부여가 될 것이다.

진로 코칭의 이론적 배경과 프로세스

엄코치연구소의 진로 코칭 프로그램은 파슨스(Parsons)의 특성 요인 이론을 차용하여 프로그램화하였다. 특성 요인 이론은 자신의 적성, 능력, 흥미, 기술, 장 · 단점 등의 특성을 충분히 이해하고, 다양한 직업 세계에서의 성공 요건, 유 · 불리점, 보수, 발전성, 직업 전망 등에 대한 특성을 이해하여 합리적인 직업을 선정하는 것이 중요하다는 주장이다. 이 이론을 바탕으로 엄코치연구소의 진로 코칭 프로그램은 총 3개월에 걸쳐 진행된다.

첫째, 자기 자신에 대한 이해가 이루어져야 한다. 성격, 흥미, 강점, 직업 가치관을 알아 가는 과정을 통해 자기 정체성을 조금이라도 정립하는 것이 우선시된다. 둘째, 직업 세계에 대한 이해가 필요하다. 미래 직업의 트렌드라고 할 수 있는 과학 기술의 발전, 인구 변화, 남북 통일에 대한 시대 상황 등에 대해 살펴볼 수 있는 눈을 갖도록 돕는 것이다. 셋째, 시장의 수요와 공급의 원리를 이해하고 각 직업의 성격적 특성을 이해해야 한다. 올바른 특성에 대한 이해는 결국 합리적인 진로 의사 결정에 도움이 된다.

진로의 방향에 대해 밑그림이 그려지면 이후부터는 진학에 대한 계획을 세운다. 그런 다음 자신의 적성에 맞는 학교를 탐색하고 필요한 입시 자료를 장기적으로 준비해야 한다. 자기소개서와 학업계획서를 작성해 보고 자신의 꿈과 목표를 다시 점검해 볼 수 있도록 돕는 것이 모두 진로 코칭 프로그램 안에 포함된다. 이런 프로세스는 학생 스스로 자기 주도적 진로 설계 능력을 갖도록 돕는 것을 목표로 삼는다.

진로 코치에게는 3심(心)이 필요하다

진로 코치가 되려는 사람이 많다. 청소년의 진로 발견에 동참한다는 것은 매우 의미 있고 감사한 일이다. 그러나 진심, 열심, 관심이 없으면 진로 코치는 오히려 한 아이의 인생에서 기억하고 싶지 않은 사람이 될 수도 있다. 무엇보다 진로 코치가 되려면 3심(心), 즉 진심, 열심, 관심이 있어야 한다.

사람은 만남을 통해 생각의 변화가 일어난다. 깊은 만남은 깊은 신뢰를 전제로 한다. 학생이 자신의 과거에 대해 깊은 성찰을 하기 위해서는 깊은 신뢰를 주고받는 파트너가 필요하다. 그 파트너가 바로 코치인데 코치에게 진심이 없다면, 즉 먼저 마음을 열고 다가서는 노력이 없다면 단순히 직업 정보만 주는 데 그치고 말 것이다. 이런 관계는 인터넷 정보 검색만으로도 충분하다. 학생들은 자신의 생각을 공유하고 되돌아볼 수 있도록 도와주는 사람을 필요로 한다.

열심은 자기 개발에 대한 노력이 반증한다. 진로 코치가 자기 개발에 대한 노력을 하지 않으면 잘못된 정보를 줄 뿐만 아니라 그 잘못된 길로 학생이 들어서게 되면 관계는 종잡을 수 없을 정도로 악화된다. 따라서 진로 코치는 빠르게 변하는 직업 트렌드를 읽는 눈을 갖기 위해 부단히 공부하고 또 공부해야 한다. 학생들은 코치가 어제보다 더 발전하고 있는지 아닌지 안다.

마지막은 관심이다. 한 번은 함께 일하는 코치를 나무란 적이 있다. 자신이 맡은 학생을 코칭하면서 평소에는 관심이 없는 것처럼 보였다. 여자 친구와는 근무 시간에도 틈 날 때마다 전화를 주고받지만 학생에겐 전화 한 통화 주고받지 않았다. 관심이 있으면 관찰하게 되고 관찰하다 보면 학생의 흥미와 재능을 찾을 수 있다. 짧은 시간이라도 관심을 갖고 학생과 만난다면 학생에게 코치는 인생의 롤 모델이 될 수도 있다. 그런 깊은 관계가 더 깊은 신뢰를 구축한다는 것을 기억하여야 한다.

엄명종

■ 차례 ■

3 세상의 필요와 아이의 재능이 만나는 지점 찾기 –직업 세계 이해

4 진학 세계의 변화와 평생 학습 시대 –교육 세계의 이해

5 진로 의사 결정 유형을 파악하고 코칭하기 –진로 의사 결정

6 진로 장애물은 부모의 양육 태도에 있다 —진로 장애물

7 자기 주도적인 진로 진학 설계는 피드백이 중요하다 —진로 계획

1

진로 교육의 기준 세우기
– 행복과 직업

❖ 직업의 의미와 행복을 생각하라

서울의 한 중학교에서 진로 코칭 수업을 할 때였다. 한 학생이 질문을 했다.

"선생님, 직업은 왜 가져야 하죠?"

갑자기 받은 질문이라 약간 당황스러웠다. 학생에게 되물었다.

"넌 어떻게 생각하니?"

학생이 대답했다.

"엄마는 잘 먹고 잘 살려면 좋은 직업을 가져야 한다고 하셨어요."

그동안 교육을 통해 만났던 대부분의 학생은 '잘 먹고 잘 살려면 좋은 직업을 선택해야 한다.'는 생각을 가지고 있었다. 이런 생각은 학생들만이 아니라 부모들도 모두 같다. 그런데 좋은 직업과 좋은 직업을 얻는 과정에 대해 다른 관점에서 생각해 볼 필요가 있다. 자녀를 지도하는 학부모와 교사의 경우는 더욱 그래야 한다. 왜냐하면 부모나 교사가 학생들의 가치관에 미치는 영향이 매우 크기 때문이다.

직업이 갖는 의미는 3가지가 있다. 생계 수단으로서의 직업, 사회봉사로서의 직업, 자아 실현을 위한 직업이다. 첫째, 생계 수단으로서의 직업은 생존을 위한 직업이다. 인간의 가장 기본적인 욕구인 의식주를 해결해야 하는 사람들에게 직업은 생계 수단으로 의미가 있다. 둘째, 사회봉사로서의 직업은 모든 직업이 직·간접적으로 사회봉사적인 의미를 지닌다는 뜻이다. 정치, 경제, 사회, 문화, 예술, 과학, 의료, 스포츠 모든 분야의 직업은 수요와 공급이라는 관점에서 사회 경제 시스템을 뒷받침해 주고 우리 삶의 질을 높여 준다. 셋째, 자아 실현으로서의 직업은 자신의 꿈을 이루는 수단으로서의 직업을 말한다. 자녀가 진로 문제로 고민하고 있다면 부모는 자녀가 '직업을 갖고 난 이후에 어떻게 살고 싶은지'에 대해 함께 생각해 보는 것이 필요하다. 어떻게 살고 싶은지 고민하는 것 자체가 자기 인생에 대한 예의이기 때문이다.

일터에서 행복을 느끼는 사람들의 공통점은 자기 일에서 의미를 발견한 사람들이었다. 안철수는 방송에서 "지금 행복하십니까?"라는 사회자의 질문에 "행복하다."라고 답했다. 다양한 이력의 소유자인 안철수는 "의사라는 직업을 지금도 갖고 있었더라면 더 행복할 수 있었겠죠. 그렇다고 해서 지금 제가 하고 있는 일이 행복하지 않다는 것은 아닙니다. 오히려 더욱 다채롭고 많은 생각을 나눌 수 있는 현재 제 직업이 우리 사회에 도움이 되는 일이라고 생각하니 더 값지고 행복합니다.”라고 말했다. 그러면서 ‘좋아하는 일을 하되 다른 사람들에게 도움이 되는 일’이 자신에게 가장 큰 행복이라고 재차 강조했다.

따라서 부모는 먼저 자신의 행복을 정의해 봐야 한다. 그 행복의 정의가 직업의 의미 3가지 중 어느 곳에 속하는지 살펴보면 행복의 기준을 알 수 있다. 그리고 현재 내가 하는 일과 행복이 어떤 관계가 있는지도 답할 필요가 있다. 답을 찾아가는 노력을 하다 보면 자신의 직업 가치관이 보다 선명해지는 것을 부모가 먼저 경험할 것이다.

❖ 가치관이 꿈이 되게 하라

양평의 한 중학교에서 진로 코칭 캠프를 할 때였다. 학생 한 명 한 명에게 꿈이 무엇이냐고 물었다. 학생들은 의사, 공무원, 펀드 매니저와 같은 직업을 들었다. 이어서 “직업을 가진 다음에는 어떻게 살고 싶니?”라고 질문했다. ‘의사가 되고 난 뒤에는 어떻게 살고 싶은지, 공무원이 되고 난 다음에는 어떻게 살고 싶은지, 펀드 매니저가 되고 난 다음에는 어떻게 살고 싶은지?’를 묻자 아무도 대답하지 못했다.

직업은 꿈이 아니다. 꿈의 사전적 정의는 ‘이루어지길 바라는 이상’, ‘실현되길 바라는 자아’이다. 즉 ‘꿈을 이룬다는 것은 자아 실현을 한다.’는 뜻이다. 그렇다면 자아 실현이란 무엇일까?

모든 사물에는 사물의 이름과 목적이 있다. 그리고 사물의 이름과 뜻은 쓰임새에 따라 명칭이 붙어 있다. 마찬가지로 사람 역시 이름의 뜻과 목적을 가지고 태어났다. 이는 부모님이 세상을 살아갈 때 이름

값 하며 살아가길 바라는 마음에 선물로 주신 것이다.

부모는 자녀의 이름에 담긴 뜻과 목적을 자녀가 발견하도록 도와주어야 한다. 그러기 위해서는 자녀의 핵심 가치가 무엇인지 파악해야 한다. 친구가 시험 보기 전에 노트를 빌려 달라고 했을 때 자녀의 반응, 동생과 시비가 붙었을 때 동생을 대하는 태도 등을 면밀히 살펴보면 자녀의 핵심 가치와 욕구를 파악할 수 있다. 핵심 가치는 자녀의 정체성을 찾아가는 실마리가 되기 때문에 끊임없는 질문으로 생각해 볼 수 있도록 도와주어야 한다. 스스로 생각한 자기 정체성은 결국 글이나 그림으로 표현될 수 있다.

다음은 한 학생이 코칭 대화를 통해 자신의 핵심 가치를 그림으로 표현한 것이다.

보는 바와 같이 학생은 자신을 '나는 인터넷이다.'라고 표현했다. 그리고 '사람들에게 꼭 필요하고 정보화 사회에서 정보의 보고가 된다는 건 세계의 중심에 선단 것과 같은 의미이기 때문이다.'라고 자신을 비유했다. 이것이 이 학생의 정체성이자 핵심 가치이다.

이런 활동은 반드시 청소년 시기에 하는 것이 좋다. 왜냐하면 청소년 시기가 가치관이 형성되는 중요한 시점이며, 이때 형성된 가치관이 현재의 행복과 삶의 태도, 미래 직업 선택에 아주 큰 영향을 미치기 때문이다.

핵심 가치를 토대로 직업을 찾는 것이 바로 직업 탐색이다. 자녀의 핵심 가치관이 무엇인지 모른 채 직업 탐색만 하는 것은 이벤트에 불과하다. 부모가 자녀의 핵심 가치관을 찾아주는 것은 삶의 목표를 찾아가도록 도와주는 나침반을 손에 쥐어 주는 일이라는 것을 기억하고 부지런히 코칭 질문으로 자녀의 가치관을 탐색하자.

❖ 글로벌 인재 조건 3가지를 기억하라

"아이가 영어도 잘하고 중국어도 잘합니다. 앞으로 글로벌리더로 키우고 싶은데, 무엇을 준비해야 할까요?"

중국 북경에서 한인 학부모들을 상대로 강의할 때 받았던 질문이다. 글로벌 인재라고 하면 보통 영어, 중국어 등 어학을 잘해야 한다고 생각한다. 그러나 이보다 더 중요한 것들이 있다.

2013년 11월 서울 워커힐호텔에서 글로벌인재포럼이 개최되었다.

매년 전 세계 인재 개발 전문가들이 모여서 미래 인재 조건에 대해 포럼을 진행하는 국제 행사였다. 여기서 '미래 인재 조건' 분야를 맡았던 캘리포니아 주립대학교의 브라이언 뉴베리 교수가 글로벌 인재 조건으로 다음 3가지를 언급했다.

　첫째, 자기 성찰 지수가 높은 사람
　둘째, 윤리 의식이 있는 사람
　셋째, 소통과 협동을 하는 사람

　첫째, 자기 성찰 지수가 높다는 것은 삶 속에서 반성적 사고를 통해 자기 이해가 높다는 것이다. 예를 들어 자녀를 혼냈다고 가정해 보자. 혼을 냈을 때 자녀가 오히려 부모님께 반항을 하거나 모든 문제의 원인을 타인으로 돌린다면 그 자녀는 자기 성찰 지수가 매우 낮은 사람이다. 그러나 혼을 내는 과정에서 자녀가 곰곰이 생각을 하거나 반성적인 태도를 갖고 있다면 그 자녀는 자기 성찰 지수가 높은 사람이다. 이런 사람들은 다툼이나 갈등이 생겼을 경우에도 자신의 감정과 욕구를 이해하기 때문에 건강한 방법으로 문제를 해결해 나간다.

　자기 이해가 높은 사람들은 자신이 무엇을 좋아하고, 무엇을 잘할 수 있는지, 그리고 무엇이 자신에게 의미가 있는 일인지 구분하는 능력이 있다. 이들은 힘들고 어려운 일을 하더라도 '가끔은 내가 왜 이 일을 하는가?'라는 자문을 하면서 자기 감정을 이해하고 올바른 의미를 부여하며 일을 해낸다. 또한 자신의 욕구가 무엇인지 정확히 인지하고, 그런 시각에서 다른 사람의 욕구도 읽을 줄 안다. 자신의 욕구와 타인의 욕구를 파악하고 행동하는 사람은 리더가 될 수밖에 없다.

둘째, 모든 직업에는 윤리가 있다. 2014년 4월 16일 진도 팽목항 앞 바다에서 304명에 달하는 학생과 시민이 바다에서 숨졌다. 어떤 사람은 정부의 문제, 또 어떤 사람은 해운사의 문제로 지적했지만 진로 교육 관점에서 보면 모두 직업 윤리 의식 부족에서 비롯한 문제였다. 정해진 규범과 원칙을 지키지 않았기에 생긴 인재였다.

앞으로 글로벌 세계는 보다 수준 높은 직업 윤리 의식을 요구할 것이다. 왜냐하면 직업 윤리는 개인의 도덕성이고, 기업 평판의 잣대가 되기 때문이다. 아무리 개인이나 회사가 좋은 이미지를 쌓아 왔다 하더라도 도덕성에 금이 간다면 신뢰를 회복하기가 어렵다. 정보가 넘쳐나면 넘쳐날수록 대중은 진짜와 가짜를 구별하기 어렵기 때문에 더더욱 진실과 더 높은 수준의 신뢰를 요구한다.

그래서 요즘 들어 외국계 기업들은 개인의 윤리 의식을 검증할 수 있는 인성 검사를 도입하고 있다. 개인의 인성이 회사의 경쟁력이 될 수 있다고 믿기 때문이다. 따라서 자녀가 원하는 직업을 찾았다면 우리는 그 직업에 필요한 윤리가 무엇인지도 함께 교육해야 한다. 또한 한 나라의 청렴도가 국가의 무형 자산이 된다는 것도 가르칠 필요가 있다.

셋째, 소통과 협력이다. 소통을 잘하는 사람들은 자신의 내면을 살펴보고 자기 공감을 한다. 이들은 자신의 감정을 직시하고 상대방의 욕구를 읽는 능력이 있다. 또한 이들은 다른 사람들의 이야기를 잘 경청하고 공감한다. 그러다 보니 서로 협력한다. 즉 너도 좋고, 나도 좋은 것을 찾아 시너지를 낸다. 공감을 바탕으로 소통하고 협력을 이끌어 내는 것은 글로벌 시대의 인재 조건이다. 이를 위해 부모는 자녀와 소통할 때 끝까지 듣고 공감하는 자세를 갖추어야 한다. 왜냐하면 소통은 머리로 가르치는 것이 아니라 부모의 소통을 보고 배우기 때문이다. 다른 사람의 이야기를 듣고 공감을 하면 협력은 자연스럽게 일어나게 되어 있다.

글로벌 인재 조건 3가지는 앞으로 자녀를 어떻게 키워야 할지 생각해 볼 수 있는 가이드라인이 될 수 있다. 이를 기억하고 오늘부터 실천해 볼 수 있는 것을 찾아보자.

❖ 진로 진학 코칭의 목표를 기억하라

"그 동안 학부모 진로 아카데미다 뭐다 해서 교육은 많이 받았는데 도대체 어떻게 아이 진로 찾는 것을 도와주어야 할지 모르겠어요. 들으면 들을수록 감도 안 잡히고 어려워요. 어떻게 해야 하나요?"

한 어머니의 하소연이었다. 이 어머니에게 필요한 것은 진로 진학 코칭의 기본 지식과 교육 절차, 그리고 진로 진학 코칭 전략과 진로 진학 코칭의 목표이다.

진로 진학 코칭의 기본 지식

첫째, 모든 학생은 타당하게 측정될 수 있는 고유한 성질을 지닌다. 학생들이 지닌 성격, 흥미, 지적 능력, 가치관 등을 수치화할 수 있다.

둘째, 모든 직업에는 성격이 있다. 모든 직업은 고유의 특성을 갖고 있고 그 특성들은 마찬가지로 장단점, 보수, 직업 환경 등을 수치화할 수 있다.

셋째, 개인의 특성과 직업의 특성이 일치할수록 행복한 삶을 산다. 이렇게 개인의 다양한 특성과 직업의 다양한 특성이 일치하면 일치할수록 개인의 삶은 행복해질 확률이 높다.

넷째, 개인의 특성과 진학하고자 하는 학교의 특성이 일치할수록 행복한 학교 생활을 할 수 있다. 모든 학교에는 나름대로의 학교 특성이 있다. 학교 문화, 교사들의 가치관, 학생들의 의식 수준 등이 개인의 특성과 일치하면 할수록 행복한 학교 생활을 할 수 있다.

*여기서 특성이란 개인의 성격, 흥미, 능력, 가치관, 환경 요인 등을 통틀어 일컫는 말이다.

진로 진학 코칭의 교육 절차

첫째, 자기 이해이다. 자기 이해는 개인의 흥미, 능력, 성격, 가치관, 포부, 자원의 한계 등 자신에 대한 정확한 이해에서 시작한다. 무엇보다 개인의 자아 실현을 위한 꿈을 정립하고 이해하는 것이 중요하다.

둘째, 직업 분석이다. 직업 분석이란 직업 세계에 대한 정보 수집과 직업의 성격, 능력, 장단점, 보수 등을 분석하여 자신의 꿈을 이루는 직업인지 가늠해 보는 것을 말한다.

셋째, 합리적 추론을 통한 직업 매칭이다. 이것은 코칭을 통해 개인과 직업 간의 연결을 말한다.

넷째, 합리적 추론을 통한 전공 매칭이다. 이는 코칭을 통해 개인과 필요한 학습의 연결을 말한다.

진로 진학 코칭 전략

첫째, 과학적 측정 방법을 통해 개인의 특성을 분석, 직업 특성과 연결하는 것이 중요하다.

둘째, 개인이 가지고 있는 특성을 심리 검사를 통해 객관적 수단을 통해 측정한다.

셋째, 각각의 직업에서 요구하는 성격이 무엇인지 직무 분석을 통해서 파악한다.

넷째, 개인의 특성에 가장 적합한 직업과 전공을 선택하도록 조언하는 능력이 필요하다.

진로 진학 코칭의 목표

첫째, 자신에 대해 깊이 있게 이해하는 힘을 갖춘다. 개인의 적절한 일과 직업을 선택하기 위해서는 개인의 가치관, 능력, 강점, 흥미, 신체적 특성 및 환경 등에 대해 종합적으로 올바르게 이해하는 일이 필수적이다.

둘째, 직업 세계에 대한 이해를 증진시킨다. 직업 세계에 대한 이해를 돕는 것은 매우 중요하다. 우리는 어느 때보다도 복잡하고 다양한 일과 직업이 있는 세계에 살고 있다. 따라서 일의 종류, 직업 세계의 구조, 직업 세계의 특성, 변화하는 직업의 요구 조건과 필요한 기술, 고용 기회 및 경향, 피고용자와 고용자와의 관계 등에 따른 수요와 공급 등에서 객관적인 이해와 정확한 정보 수집이 필요하다.

셋째, 교육 세계에 대한 이해를 증진시킨다. 교육 정책이 바뀌면서 학교의 종류도 다양해지고 있다. 학교의 종류, 교육 세계의 구조와 특성, 변화하는 학교 입시의 조건과 필요한 역량 등에서 객관적인 이해와 정확한 정보 수집이 필요하다.

넷째, 합리적인 의사 결정 능력을 증진시킨다. 진로 진학 코칭의 최종 결과도 '결정'이라는 과정을 통해 나타난다. 중요한 것은 결정이라는 결과보다는 결정을 내리는 과정 속에서 학생 스스로 어떤 역할을 하고 있는지에 초점이 맞춰져야 한다. 이 시기에는 스스로 의사 결정 기술을 훈련하고 학습할 수 있도록 조력하는 것을 주요 목표로 삼아야 하기 때문이다.

다섯째, 정보 탐색 및 활용 능력을 향상시킨다. 지도하는 코치가 정보 제공자로서 역할을 하는 것도 중요하지만 학생 스스로 필요한 정보를 탐색, 활용하도록 안내하는 역할도 매우 중요하다. 스스로 필요한 정보를 탐색하고 수집하는 활동은 진로뿐만 아니라 미래 삶의 모든 영역에까지 확장되어 활용할 수 있는 소중한 능력이 된다.

여섯째, 일과 직업에 대한 올바른 가치관 및 태도를 형성시킨다. 많은 학생이 가지는 잘못된 직업의식 중 하나는 직업에도 귀천이 있다는 편견이다. 이 편견을 버리도록 돕는 것이 중요하다. 일을 하나의 생계 수단으로 여기는 자세에서 벗어나 다른 사람을 돕고 꿈을 이룰 수 있는 하나의 도구라고 여길 수 있도록 돕는 것이 필요하다. 그리고 직업의 성 역할에 대한 고정 관념도 깨야 한다. 이것은 남자 직업, 저것은 여자 직업 하며 나누는 것은 바람직하지 못하다. 아직도 많은 학생이 예를 들어 간호사나 상담사는 남자보다 여자가 해야 하는 직업으로 인식하고 있다.

2

"나는 누구인가"에 대한 정체성 발견 돕기 –자기 이해

❖ 자녀의 욕구를 파악하는 코칭 대화

초등학교 때 말을 잘 듣던 자녀가 언제부터인가 "내가 알아서 할 게." 혹은 "엄만 잘 모르면서 왜 그래?"라는 이야기를 한다. 자녀가 이런 식으로 말한다면 보통 '사춘기가 왔구나.'라고만 생각을 한다. 그러나 이것은 도움이 되지 않는 생각이다. 자녀의 이런 언행은 아직 정체성이 확립되지 않은 모습으로 부모에게 자기 자신이 누구인지 물어보는 것과 같다. "엄마! 내가 누구야?", "나는 왜 이렇게 생겼어?" 등과 같이 자기 자신의 모습을 몸으로 표현하는 것이다.

사춘기 자녀는 부모에게 좀 더 이해받고 싶고, 인정받고 싶어 하지만, 감정적으로 말하고 순화되지 않은 언어 때문에 오히려 부모는 자녀의 본심을 오해하고 미워하게 되어 관계가 악화되기 쉽다. 자녀의 행동은 수정해 주고, 욕구는 채워 주는 부모의 눈이 필요한 순간이다. 그러기 위해서는 부모는 자녀의 마음 안에 있는 다양한 감정과 욕구의 종류가 무엇인지 알아 둘 필요가 있다.

감정 · 느낌을 표현하는 말들

욕구가 충족되었을 때 감정

감동받은, 벅찬, 환희에 찬, 황홀한, 충만한, 고마운, 감사한, 즐거운, 유쾌한, 통쾌한, 편안한, 만족스러운, 안심이 되는, 가벼운, 평화로운, 흥분된, 생기가 도는, 희망에 찬, 흥미로운, 고요한, 여유로운, 끌리는, 활기찬, 짜릿한, 신나는, 용기 나는, 기력이 넘치는, 흐뭇한, 홀가분한, 담담한, 긴장이 풀리는, 정겨운, 친근한, 두근거리는, 힘이 솟는

욕구가 충족되지 않았을 때 감정

걱정되는, 까마득한, 암담한, 염려되는, 근심하는, 신경 쓰이는, 뒤숭숭한, 무서운, 슬픈, 그리운, 서글픈, 무력한, 무기력한, 침울한, 피곤한, 따분한, 맥빠진, 귀찮은, 지겨운, 실망스러운, 힘든, 무료한, 지친, 질린, 지루한, 부끄러운, 화나는, 약 오르는, 허탈한, 짜증나는, 울화가 치미는, 좌절한, 서운한, 진땀나는, 주눅 든

먼저 감정을 표현하는 단어들을 읽어 보고 느껴 보자. 각 감정 단어의 뜻을 느끼고 이해할 수 있다면 그 동안 자녀와의 관계를 떠올려보고 당시에 자녀의 감정은 무엇이었는지 곰곰이 살펴보길 바란다. 당

시에 부모로서 어떻게 해야 했을지 감이 잡힐 것이다. 우리의 대화 속에는 감정과 내용이 혼합되어 있다. 대화를 할 때 서로가 원하는 것을 읽지 못하는 이유는 감정보다 내용에 집중하여 판단하기 때문이다. 대화 중에 자녀의 감정을 부모가 느끼게 되면 자녀의 욕구도 볼 수 있게 된다.

욕구 · 가치를 표현하는 말들

목표 달성, 선택의 자유, 꿈, 스킨십, 돌봄을 받음, 편안함, 보호받음, 수면, 안전, 일관성, 감사, 인정, 사랑, 애정, 우정, 가까움, 나눔, 소속감, 위안, 신뢰, 확신, 정서적 안전, 자기 보호, 도움, 즐거움, 유머, 재미, 기여, 명료함, 의미, 깨달음, 열정, 주관을 가짐, 회복, 정직, 진실, 성실성, 존재감, 자기 존중, 비전, 꿈, 아름다움, 평등, 조화, 질서, 평화, 영적 교감, 영성, 배움, 생산, 성장, 창조성, 치유, 숙달, 전문성, 목표, 가르침, 자기 표현, 자신감

감정이 나의 상태를 알려 주는 신호라면 욕구는 자신이 가장 원하는 상태이다. 각 욕구는 모든 인간이 추구하는 바람들이다. 욕구가 다양하면 할수록 감정 표현도 다양해지는데 학생들은 이 표현 뒤에 자신의 욕구를 감추는 경우가 많다. 그래서 부모는 자녀에게 "지금 원하는 게 이거니?", "지금 넌 엄마랑 더 즐겁게 놀고 싶은 것 같은데 맞니?" 등과 같은 확인 질문을 통해 욕구를 파악한다. 이러한 부모의 질문은 자녀 스스로 자신의 욕구를 확인할 수 있도록 돕는 거울이 되어 주기 때문에 매우 유용하다. 이렇게 질문으로 학습된 자녀는 궁극적으로 자기 이해와 성찰 지수를 바탕으로 자신의 진로를 개척해 나가

는 힘을 갖게 된다.

그렇다면 부모들은 무엇을 연습해야 할까?

첫째, 관찰력을 길러야 한다.

여기서 말하는 관찰이란 평가가 없는 시선을 말한다. 자녀와 불화가 있었던 경험을 한 번 떠올려 보자. 무엇 때문에 관계가 어긋났을까? 자녀는 이야기를 다 하지도 않았는데 충고, 탐색적 질문, 상황이 다른 해석을 하며 말하기, 편견 섞인 판단 등으로 대했기 때문일 것이다. 사람은 자신이 평가를 받는다는 생각이 드는 순간 '답답함, 분노, 화'라는 감정을 느끼게 된다. 그런 감정 속에 숨어 있는 욕구는 '인정, 지지, 격려'와 같은 욕구들이다. 욕구가 충족되지 않았기 때문에 변명이나 반박을 하는 것이다. 이런 인간관계의 생리를 이해하면 부모는 자세를 바꿀 수 있다. 결국 진로 지도를 올바르게 하기 위해서는 현재 자녀의 감정 상태를 관찰하고 식별할 수 있어야 한다.

둘째, 생각보다는 느낌을 이야기해야 한다.

사람들이 싸우는 이유는 주로 생각을 이야기하기 때문이다. 생각은 늘 시빗거리가 될 수밖에 없다. 왜냐하면 생각은 판단을 전제로 하기 때문이다. 판단은 자칫 잘못하면 비난으로 변질되기 쉽기 때문에 오히려 느낌을 이야기하는 것이 좋다. 느낌을 이야기하면 부모 역시 자신의 감정을 다시 한 번 확인해 볼 수 있을 뿐만 아니라 부모 자신이 자녀에게 정말 무엇을 원하는지 욕구도 파악할 수 있다. 자신의 욕구를 알아차려야 다른 사람의 욕구도 눈에 보이게 되고 마음의 여유가 생기게 된다.

셋째, 욕구 표현과 건강한 부탁을 해야 한다.

보통 부모는 자녀에게 부탁을 가장한 강요를 한다. 이는 어릴 적부터 아이를 키워 오면서 보호자의 역할이 익숙하기 때문이다. 그러나 자녀가 사춘기라면 보호자의 역할이 아닌 코치의 역할이 필요하다. 지지자와 격려자로서 자녀에게 선택권을 주고 스스로 책임질 수 있도록 도와야 한다. 그 비결이 바로 건강한 부탁이다. 자신의 느낌과 욕구를 솔직하게 전달한 다음 "여기에 대해서 어떻게 생각해?"와 같이 상대방의 느낌과 욕구를 읽어 주는 질문을 하면 자녀는 부모의 질문을 통해 자신의 감정을 돌이켜 보고 행동을 수정한다.

원하는 행동을 구체적으로 요구하면 상대방이 자연스럽게 변한다고 생각하는 사람들도 있는데 그렇지 않다. 행동 변화의 전제 조건은 공감이 우선이다. 자기 자신의 느낌과 욕구를 솔직하게 말하면, 상대방도 공감할 수 있는 여유가 생기기 때문에 이해의 폭이 넓어진다. 그러면 행동의 변화가 일어난다. 왜냐하면 사람은 공감을 하게 되면 기여하고 싶은 욕구가 일어나기 때문이다.

자녀와의 대화 연습하기

1. 오늘 하루 너의 ＿＿＿＿＿＿＿＿＿＿＿ 을 관찰해 보니

2. 엄마는 ＿＿＿＿＿＿＿＿＿＿＿ 느꼈어.

3. 엄마는 ＿＿＿＿＿＿＿＿＿＿＿ 원해.

4. ＿＿＿＿＿＿＿＿＿ 해 줄래?

❖ 질문으로 전두엽을 활성화시켜라

목동에 사는 중학교 2학년 진아는 상담 시간이 다 끝나 가는데도 불구하고 거실로 나오지 않았다. 참다못해 진아 어머니가 큰 소리로 나오라고 했다. 문을 걸어 잠그고 가족들과 대면하지 않은 지가 3개월이 넘었다고 했다. 말을 걸면 화부터 내는 아이에게 가족 모두가 손을 든 상태였다.

소심한 성격의 진아 어머니는 진아의 이런 행동에 대해 "내가 잘못한 것은 없나? 내가 무엇을 잘못했지?" 등 온갖 자책을 하면서 심리적으로 주눅이 든 상태였다.

사춘기 자녀의 잘못된 행동을 보며 '아직 철이 덜 들어서 그렇다.'며 스스로 위로하는 부모들이 있는데, 돌발 행동을 하는 것은 자녀가 철이 덜 들어서가 아니라 옳고 그름을 담당하는 전두엽이 덜 활성화되었기 때문이다. 자녀들의 감정 두뇌는 100% 활성화되었기 때문에 판단의 기준이 좋고 싫음으로 결정된다. 어른이 된다는 것은 좋고 싫음의 감정 기능보다 옳고 그름을 구분할 수 있는 자기 조절 사고 능력을 키워 가는 과정이다. 이런 사고 능력의 배양을 돕기 위해 부모는 2가지 역할을 해 줄 필요가 있다.

첫째, 질문이다.

질문에는 2가지 형태가 있다. 정보를 물어보는 질문과 생각하게 만드는 질문이다. 생각이 많은 자녀에게 필요한 것은 스스로 답을 찾아갈 수 있도록 질문하는 것이 필요하다. 효과적인 질문은 스스로 생각하게 하는 힘이 있다. 평소 사람의 생각은 외부로 향해 있으나 질문을 받게 되면 생각이 내면으로 향한다. 그리고 질문이 마음에 와 닿는 것이라면 자각과 동시에 책임 의식을 느끼게 된다. 예를 들면, "지금 가장 원하는 것은 무엇이니?", "지금과 같은 행동이 반복되면 우리에게 어떤 결과가 일어날까?" 등과 같은 질문들이다. 설령 질문하고 자녀가 답을 하지 않아도 걱정할 필요가 없다. 어차피 우리 뇌는 질문을 받으면 해답을 쫓아가게 되어 있기 때문이다. 특히 진로 교육에서 이런 자각과 책임을 불러일으키는 질문은 주도적인 삶을 살도록 촉진시킨다.

둘째, 우칭이다.

우칭이란 가설을 검증하기 위해 몇 가지 실험을 실시해 보는 것을 말한다. 진로 교육에서 우칭은 바로 직업 체험이다. 학생 스스로 이 직업이 맞을지, 혹은 저 직업이 맞을지 자기 이해를 기반으로 가설을 세우고 직접 체험해 보면 좋다. 예를 들어, 약국에 관심이 있다면 약국에서 무급으로 아르바이트를 해 본다. 또한 아나운서가 관심이 있으면 아나운서 학원에서 일주일간 체험을 해 본다. 기존의 직업 체험관인 잡 월드, 초등학교 저학년을 위한 키자니아 등이 바로 이런 우칭을 위해 직업 체험관으로 만들어 놓은 것이다. 우칭 활동은 미래 직업 세계를 미리 엿볼 수 있다는 데 장점이 있다. 뿐만 아니라 자녀 스스로 5년 혹은 10년 뒤 자신의 미래를 직업 체험을 통해 상상해 볼 수 있기 때문에 반드시 자녀와 함께 우칭 활동을 해 볼 것을 권한다.

대치동에서 중학교 3학년 지완이를 코칭한 적이 있다. 아버지는 병원장이고, 어머니는 약사였다. 지완이에게 어떤 직업을 갖고 싶은지 묻자, 갖고 싶은 직업이 없다고 했다. 만약 직업을 가져야 한다면 부동산 임대업자가 되고 싶다고 했다. 그러면서 아무리 변호사가 되고, 의사가 되고, 중소기업 CEO가 되더라도 부동산 임대업자 앞에서는 모두 무용지물이라고 하였다. 언제 그런 생각이 들었는지 물었더니 "엄마가 약사이신데 돈 벌어서 건물주만 배 불리게 해 주고 있다면서 부동산이 최고라고 하셨어요."라고 답했다.

그 얘기를 듣고 어머니와 상담을 했다. 어머니는 "그 동안 제가 너무 아이에게 모든 것을 아무런 대가 없이 준 것은 아닌지 걱정이 되네요. 고생 없이 자란 지완이가 나중에 커서 왠지 행복하지 않을 것 같은 느낌을 받아요."라며 후회 섞인 말씀을 하셨다.

고생이란 어렵고 고된 일을 겪는 것을 말한다. 젊어서 고생은 사서도 한다는 말이 있다. 그만큼 젊었을 때 고생은 사람을 성장시키기 때문에 필요하다는 말이다. 그러나 요즘 아이들은 대부분이 고생을 모르고 자란다. 부모님이 모든 것을 해결해 주기 때문이다.

최근 들어 30대가 되어도 취업을 못하고 은퇴하신 60대 부모 밑에서 경제적으로 의지하며 살아가는 자녀들이 속출하고 있다. 이들을 캥거루족이라고 부르는데 가장 큰 특징은 고생을 모르고 자랐다는 것이다. 그래서 일을 시작했다가 좀 힘들면 1년을 버티지 못하고 다른 직장을 구하고, 상사와 관계가 좋지 못할 경우 관계를 개선하려는 노력을 하지 않고 쉽게 그만두는 사례가 증가하면서 이러지도 못하고 저러지도 못하는 청년이 많아졌다.

얼마 전 취업 문제로 고민하고 있는 한 여대생을 만났다. 이 여학생은 엄친아로 불리는 대치동 키즈였다. 대치동에서 학원, 과외, 족집게 과외 등으로 부모는 이 여학생에게 많은 돈을 들여 교육을 시켰고 마침내 좋은 대학교에 입학했다. 이제 취업을 앞두고 원서를 여기저기 넣고 있지만 번번이 낙방이었다. 그러다 보니 초조함과 미래에 대한 두려움이 엄습해 왔는지 이런 말을 했다.

"그 동안 학원, 과외, 진학 모두 엄마가 대신 해 주었는데 취업은 왜 저 혼자 알아서 하라는 거죠?"

충격이었다. 이 여대생은 성장한 것이 아니었다. 몸만 20대이지 정신은 10대였다. 세상에서 가장 비참한 것이 나잇값을 못하는 것이다. 즉 정신적 독립이 이루어지지 않다 보니 자신의 삶을 사는 것이 아니라 늘 다른 사람이 인도해 주는 삶을 사는 것이 익숙했던 것이다. 이들은 살아오면서 끊임없이 부모에게 의존해 왔고 문제가 해결되지 않으면 남 탓을 해 왔다. 이런 사람들은 자기 주도적인 삶을 살 수 없다.

따라서 부모는 자녀를 고생시킬 마음의 준비를 해야 한다. 진로 교육에서 고생이란 자신이 무엇을 좋아하고 잘할 수 있는지 고민하는 것을 의미한다. 이것이 자라나는 청소년들에게 인생의 첫 번째 고생이라면 고생일 수 있다. 자신을 알아 가는 과정 속에서 얻는 귀찮음과 나태함을 이기고, 자신이 진짜 원하는 삶이 무엇인지 치열하게 고민하는 삶을 갖도록 부모는 지지하고 격려해 주어야 한다.

❖ 인생 곡선 그래프를 통해 자신의 꿈을 발견한다

현재 자녀의 부정적인 생활 습관을 보고 답답해한 적이 있는가? 혹시 자녀 양육을 잘못한 것은 아닌지 하는 마음이 들었다면 한 번쯤 자녀의 인생 곡선 그래프를 그려 보고 대화를 나눌 필요가 있다. 부정적인 생활 습관은 단순히 자녀의 기질 문제로 치부하기보다는 어릴 적에 채워지지 않은 욕구 불만을 해결해 줌으로써 고칠 수 있기 때문이다.

인생 곡선 그래프는 인생에서 좋았던 사건, 좋지 않았던 사건을 되짚어 보면서 당시 자녀의 욕구 상태를 객관적으로 살펴보고 작성자의 자기 이해를 돕는 진로 코칭 도구이다.

그래프를 그리면서 인생 최악의 순간은 어떤 순간이었고, 또 이때 채워지지 않은 욕구는 무엇인지 알아 두면 자녀를 훈육할 때 많은 도움이 된다. 이와 관련해서 중계동에서 만난 도훈이가 기억난다. 도훈이는 고등학교 2학년으로 성적이 중하위권이었는데, 학교에서 실시한 진로 코칭 수업 가운데 인생 곡선 그래프 그리기를 하면서 자신의 사명을 발견하고 성적이 상위권으로 올랐다.

처음 본 도훈이의 모습은 매우 비판적이고 냉소적이었다. 욕구가 충족되지 않은 아이에게서 나타나는 모습이었다. 도훈이 어머니는 아들과 더 많은 대화를 하고 싶어 하셨으나 도훈이는 거절했다. 그래서 도훈이에게 인생 곡선 그래프만 그려 달라고 요청했다. 그래프를 보니 아주 심한 W자였다. 우여곡절이 많았던 것이다.

그래프를 보면서 의지가 꺾인 사건이 있었는지 확인해 보니 중학교 1

학년 때 사건이 나왔다. 중학교 1학년 3월까지만 하더라도 도훈이는 발표를 매우 잘하고 학급 임원도 맡아 하던 아이였다. 문제는 중학교 1학년 수학 시간에 호기심이 많은 도훈이가 손을 들고 질문을 하자 담당 선생님이 "야 질문할 걸 질문을 해라! 책도 안 읽어 보냐?"라고 비난조로 대답을 한 게 화근이었다. 아이들이 많은 교실에서 핀잔 아닌 핀잔을 들은 이후로 도훈이는 친구들 사이에서 무시당하기 시작했고 수업 시간에는 질문을 일절 하지 않았다. 이런 사실을 모르는 도훈이 어머니는 성적이 점점 떨어지는 아이를 나무라고만 있었던 것이다.

그래프 상에서 도훈이에게 그날의 사건은 인생 최악의 순간이었다. 그래서 당시에 채워지지 않은 욕구가 무엇인지를 물어보았다. 그러자 도훈이는 인정받고 싶었다고 말하면서 울었다. 4년 가까이 지났는데도 그 사건을 잊지 못한 도훈이가 우는 걸 보니 마음이 무척 아팠다. 사람은 누구나 인정받고 싶은 욕구가 있는데 담당 선생님이 채워 주지 못한 것이었다. 그 뒤 도훈이와 코칭을 하면서 그 최악의 순간을 긍정적인 의미로 해석할 수 있도록 했다. 그리고 당시 자신이 원했던 욕구가 무엇인지 확인을 하고, 스스로 자기 공감을 할 수 있도록 자기 이해력을 높였다. 도훈이의 자기 공감이 높아지니 그 선생님을 이해하는 마음의 폭도 넓어졌다. 도훈이에게 다음과 같은 말을 들려주었다.

"세상에는 두 종류 사람이 있단다. 상처를 받고 나이 들어가면서 계속 아파하는 사람, 또 다른 사람은 상처를 받았지만 긍정의 붕대로 칭칭 감고 난 뒤 또 다른 상처 입은 사람을 위해 자신의 붕대를 풀어서 감아 주는 사람. 우린 후자의 사람을 상처 입은 치유자라고 한다. 넌 어떤 사람이 되고 싶니?"

도훈이는 자신의 상처를 다시 한 번 생각해 본 뒤 말했다.

"코치님, 전 나중에 커서 교사들을 가르치는 사람이 되고 싶어요."

그러면서 교육학을 하고 싶다고 했다. 그렇게 진학 목표가 생긴 도훈이는 조금씩 성적이 올랐다. 무엇보다 공부하려는 의지가 생겼다는 점에서 부모님이 좋아하셨다.

인생 곡선 그래프 그리기

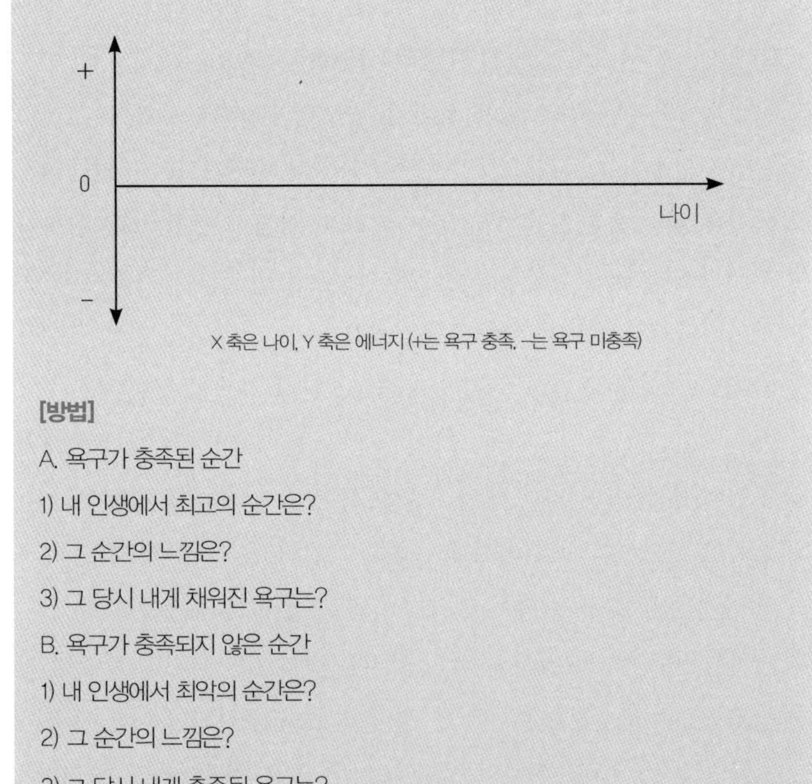

[방법]

A. 욕구가 충족된 순간

1) 내 인생에서 최고의 순간은?

2) 그 순간의 느낌은?

3) 그 당시 내게 채워진 욕구는?

B. 욕구가 충족되지 않은 순간

1) 내 인생에서 최악의 순간은?

2) 그 순간의 느낌은?

3) 그 당시 내게 충족된 욕구는?

❖ 자녀의 성격을 유형화한다

판교에 사는 중학교 3학년 기영이는 직업 탐색이 충분히 이루어지지 않다 보니 고등학교 진학을 선뜻 결정하기 어려운 상황이었다. 주변 친구나 선생님은 학급반장을 맡고 있는 기영이의 성격이 활발하고 리더십도 있고 논리적이다 보니 이과 계열을 추천했다. 자연스럽게 희망 직업을 생명공학연구원으로 생각했으나 선택하는 과정에서 불안했는지 코칭을 신청했다.

겉으로 보이는 성격은 개인의 특성 중 하나이다. 다행히도 진로 진학 코칭은 이런 성격을 수치화하여 유형화할 수 있다. 일반적으로 사람의 성격은 외부 환경에 의해 변화되기도 하고, 현재 맡은 역할에 따라 조금씩 바뀌기도 한다. 가족 구조도에서 첫째냐 둘째냐에 따라 자녀의 성격이 달라지기도 하고, 부모의 양육 태도에 따라 달라지기도 한다. 그러나 본래 지닌 성격의 68%는 바뀌지 않는다.

MBTI는 Myers Briggs Type Indicator의 약어로, 선천적으로 갖고 태어난 심리적 경향성을 파악해 보는 검사이다. 95문항으로 구성되었는데 인간의 4가지 선호 경향을 나타내는 성격 유형 지표를 통해 각 개인이 선택적으로 더 자주, 더 일관되게 사용하는 선호 지수를 파악할 수 있도록 하였다. 이 4가지 성격 유형 지표는 다음과 같다.

외향성(E)-내향성(I)

관심이 어느 쪽에 있는가에 따라 외향성(E)과 내향성(I)으로 나뉜다. 외향성은 외부 세계를 지향하고 외부 세계에서 에너지를 얻으며,

외부의 접촉으로 세상을 이해한다. 이들은 활동적이다. 내향성은 내부 세계에서 에너지를 얻으며 내부 세계를 지향한다. 이들은 생각하는 업무에서 흥미와 편안함을 느끼고, 조용하고 신중한 눈빛으로 세상을 이해한다.

감각형(S)―직관형(N)

정보를 수집하고 인식하는 방법에 따라 감각형(S)과 직관형(N)으로 나뉜다. 감각형은 상황을 오감을 통해 받아들이고 이해하며 실제적인 경험을 중시한다. 또한 현실적이고 실용적이며 현재를 있는 그대로 즐기고 순서에 입각하여 차근차근 수행한다. 이들은 성실하지만 구체적인 사실을 좇다가 전체를 보지 못하는 경우도 있다. 직관형은 사건과 사상의 전체와 의미를 파악하고 새로운 가능성을 추구한다. 상상력과 영감에 큰 비중을 두며 미래의 성취, 변화, 일의 다양성을 즐긴다. 전체를 보지만 구체성을 놓치고, 새로운 일이나 복잡한 일에 겁 없이 뛰어드는 경향이 있다.

사고형(T)―감정형(F)

판단을 내리고 의사 결정을 하는 과정에서 논리적인 결과에 의해 결정을 내리는지, 아니면 개인적인 가치에 맞춰서 결정하는지에 따라 사고형(T)과 감정형(F)으로 나뉜다. 사고형은 논리적인 결과를 예측하고, 객관적인 판단 기준에 근거해 정보를 분석한 후 의사를 결정한다. 이들은 진로 의사 결정도 과거에 자신이 성공했던 사건을 수집하고 분석한 뒤 진로를 선택하는 경향이 있다. 일명 합리적 유형이라고

도 한다. 반면에 감정형은 자신이 주관적으로 어디에 가치를 느끼는가에 따라 판단하고 결정할 때가 많다. 이들의 진로 의사 결정은 느낌이 좋은 일들을 선택한다. 그리고 자신의 그 결정이 자신과 남의 감정에 어떤 영향을 주는가를 중요시한다.

판단형(J)-인식형(P)

판단형(J)은 계획을 세우며 질서 있게 살기를 좋아한다. 인식형(P)은 정해진 계획보다 상황에 맞추어 적응하며 자율적으로 삶을 살고 이해하려고 한다. 애매한 상황을 잘 견디며, 정해진 시간 안에 마무리 짓지 못하더라도 자발성을 가지고 상황에 대처해 나가는 편이다.

이 4가지 선호 지표가 역동적으로 조합되어 16가지 조합이 가능한데, 각 개인은 이 중 한 가지의 성격 유형으로 구분된다.

4가지 성격 유형 지표

성격 유형	특징	관련 직업
ISTJ	실제 사실에 대하여 정확하게 체계적으로 기억하며 일처리에 신중하며 책임감이 강하다.	회계, 법률, 생산, 건축, 의료, 사무직, 관리직 등
ISTP	말이 없으며 객관적으로 인생을 관찰하는 편이고 필요 이상으로 자신을 발휘하지 않는다.	법률, 경제, 마케팅, 판매, 통계 분야 등
ESTP	사실적이고 관대하며 개방적이고 사람이나 일에 대한 선입견이 별로 없다.	의사, 군인, 검사, 경찰관, 운동가 등
ESTJ	실질적이고 현실감이 뛰어나며 일을 조직하고 계획하여 추진시키는 능력이 있다.	사업가, 행정, 관리, 생산, 건축 등

ISFJ	책임감이 강하고 온정적이며 헌신적이고 침착하며 인내력이 강하다.	의료, 간호, 교직, 사무직, 사회사업 등
ISFP	말없이 다정하고 양털안감을 넣은 오버코트처럼 속마음이 따뜻하고 친절하다.	농장 경영, 교통, 유흥업, 간호직, 비서직 등
ESFP	현실적이고 실제적이며 친절하다. 어떤 상황이든 잘 적응하며 수용력이 강하고 사교적이다.	의료, 판매, 교통, 유흥업, 간호직, 비서직 등
ESFJ	동정심이 많고 다른 사람에게 관심을 쏟으며 인화를 중시한다. 동료애가 많고 친절하다.	교직, 성직, 판매, 간호, 의료 등
INFJ	창의력, 통찰력이 뛰어나며 강한 직관력으로 말없이 타인에게 영향력을 미친다.	성직, 심리 치료와 상담, 예술, 문학 등
INFP	마음이 따뜻하고 조용하며 자신이 관계하는 일에 대하여 책임감이 강하고 성실하다.	언어, 학문, 문학, 상담 등
ENFP	온정적이고 창의적이며 항상 새로운 가능성을 찾고 시도한다.	상담, 교육, 저널리스트, 광고, 판매, 작가 등
ENFJ	민첩하고 동정심이 많고 사교적이며 인화를 중요시하고 참을성이 많다.	교직, 성직, 심리 상담, 예술, 문학 등
INTJ	행동과 사고가 독창적이며 강한 직관력과 의지와 결단력, 인내심이 있다.	과학, 엔지니어링, 발명, 정치, 철학 등
INTP	과묵하나 관심이 있는 분야에 대해서는 말을 잘하며 이해가 빠르고 높은 직관력으로 통찰하는 재능이 있고 지적 호기심이 많다.	순수과학, 연구, 수학, 엔지니어링, 경제, 철학, 심리학 등
ENTP	독창적이며 창의력이 풍부하고 넓은 안목을 갖고 있으며 다방면에 재능이 많다.	발명가, 과학자, 언론, 마케팅, 컴퓨터 분석 등
ENTJ	활동적이고 솔직하며 결정력과 통솔력이 있고 장기적 계획과 거시적 안목을 선호한다.	판매업, 건축업, 선장, 군인, 경찰관 등

기영이의 성격은 ISFJ였다. ISFJ는 보통 '임금님 뒤의 권력형'이라고 하는데 책임감이 강하고 온정적이며 헌신적인 스타일이다. 이 유형이 주로 선택하는 직업군은 의료, 간호, 교직, 사무직, 사회사업 분야와 같이 사람을 상대하는 서비스직군이다. 겉으로 보이는 성격도 기영이의 모습이지만 이 성격을 수치화하여 유형화를 해 보니 기영이는 본래 성격은 좀처럼 남들 앞에 나서는 것을 좋아하지 않는 유형이었다.

기영이의 성격은 학급반장을 하면서 조금씩 달라진 것이었다. 중학교 1학년 2학기 때는 혼자서 생각하고 말수도 없다 보니 부모님은 "저렇게 소심해서 나중에 사회생활은 제대로 할까?"라는 걱정을 했다고 한다. 그러나 중3 때 반장이 되고 나서부터는 기영이의 모습이 달라졌다고 했다.

검사 자료를 바탕으로 자기 이해 단계부터 코칭을 시작하며 직업군 탐색을 했다. 성격, 흥미, 직업 가치관, 강점 등을 종합적으로 고려한 뒤 기영이는 특허 전문 변호사가 가장 적합하다고 잠정적으로 선택했다. 특허 전문 변호사는 기업의 기술 특허 소송을 전문으로 하는 변호사를 말한다. 특허 전문 변호사가 되어 기업의 권리를 지켜주고 대한민국이 기술강국이 될 수 있도록 이바지하겠다는 것이 기영이의 꿈이었다. 이렇게 세부적인 직업을 선택하고 나니 고등학교 진학 선택은 한결 수월했다. 결국 기영이는 외국어고등학교에 진학했고 자신의 꿈을 향해 달려가고 있다.

수치화된 성격 유형 검사를 바탕으로 자녀의 성격을 살펴보는 것이 보다 효과적인 진로 지도 방법 중 하나이다. 정기적으로 자녀의 성격 변화를 살펴보고 싶다면 중학생은 1년에 한 번씩 검사를 받아 볼 것을 권한다.

❖ 좋아하는 것을 흥미 유형 코드로 찾는다

"아이가 무엇을 좋아하는지 어떻게 알 수 있나요? 그건 직접 해 봐야 하는 것 아닌가요?"

코칭을 할 때 부모들에게 많이 받는 질문이다. 결론부터 말하면 아니다.

자신이 좋아하는 일은 굳이 해 보지 않아도 알 수 있다. 왜냐하면 내면의 나침반이 자신이 무엇을 좋아하는지 방향을 가리켜 주기 때문이다. 물론 다양한 경험을 하면 더욱 확신할 수는 있겠지만 자신이 싫어하는 일은 해 보지 않아도 마음이 안다. 예를 들어, 쉬는 시간엔 늘 책상에 앉아 조용하게 책을 보고 생각하기를 좋아하는 여학생에게 어느 날 갑자기 학교 운동장에 먼지 나지 않도록 하기 위해 소금을 뿌리는 일을 하라고 하면 어떤 반응을 할까? 대답은 당연히 싫다고 할 것이다. 그건 해 보지 않아도 안다. 그래서 미국의 카운슬러 협회에 속한 청소년 코치들은 학생이 좋아하는 일을 찾기보다 하기 싫은 일을 찾으라는 식의 소거법 전략을 쓰기도 한다.

자신이 하기 싫은 일을 쭉 나열해 보면 일정한 패턴이 있는데 그것이 우리가 흔히 말하는 재미없는 일이다. 그러면 자연스럽게 목록에서 남아 있는 일이 좋아하는 일이 된다. 이렇게 흥미 찾기는 자신이 좋아하는 것과 싫어하는 것이 무엇인지 구분하는 데서 시작한다. 그런데 그 구분이 쉽지 않기 때문에 홀랜드 흥미 유형 검사를 하는 것이다. 최근에는 진단지 형태의 검사가 아닌 카드 놀이 형태로 하는 홀랜드 흥미 유형 검사도 있으니 참고하길 바란다.

흥미란 사물이나 사람에 대해 관심을 갖는 감정을 말한다. 자녀를 키운다면, 특히 자녀가 유아기라면 무엇에 관심을 갖는지 그리고 그 관심이 얼마나 가는지를 잘 안다. 자녀가 자라 사춘기가 되면 흥미도 하나의 패턴을 형성하는데 이를 흥미 유형이라고 한다. 흥미 유형 검사를 하기 원한다면 스트롱 검사를 해 볼 것을 권한다. 홀랜드 이론을 바탕으로 사람의 흥미를 6가지 코드로 분류한 것인데 실재형(R), 탐구형(I), 예술형(A), 사회형(S), 진취형(E), 관습형(C)으로 이루어져 있다. 이 검사를 하면 학생이 흥미를 갖고 있는 교과목도 알 수 있기에 유용하다.

실재형(R)

현장형이라고도 불린다. 주로 손재주가 있고, 기계나 컴퓨터 등 도구 활용 등에 흥미가 있다. 분명하고 질서 정연하며 실질적인 것, 경쟁 및 게임 활동, 신체 활동을 선호한다. 이들이 직업을 선택할 때 중요하게 여기는 가치는 실내 활동이나 지식 추구이다. 이들은 스스로 사교적 재능보다는 기계적 소질이 있다고 평가하는 경향이 있다. 반면 타인들은 이들이 겸손하고 솔직하지만 다소 독단적인 경향이 있다고 생각한다. 선호하는 활동은 기계나 도구, 장비 등의 조작이며 성격은 현실적이고 신중한 면이 있다. 싫어하는 것은 타인과 친밀성을 쌓는 활

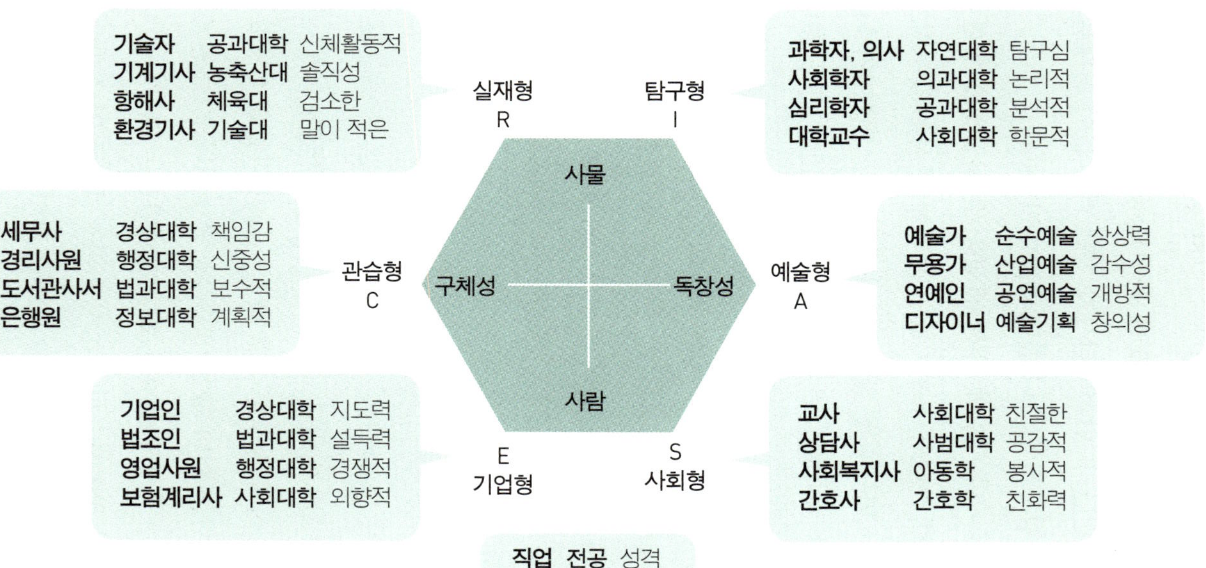

스트롱 흥미 유형

사물
사람
구체성
독창성

기술자 공과대학 신체활동적
기계기사 농축산대 솔직성
항해사 체육대 검소한
환경기사 기술대 말이 적은

실재형 R

과학자, 의사 자연대학 탐구심
사회학자 의과대학 논리적
심리학자 공과대학 분석적
대학교수 사회대학 학문적

탐구형 I

세무사 경상대학 책임감
경리사원 행정대학 신중성
도서관사서 법과대학 보수적
은행원 정보대학 계획적

관습형 C

예술가 순수예술 상상력
무용가 산업예술 감수성
연예인 공연예술 개방적
디자이너 예술기획 창의성

예술형 A

기업인 경상대학 지도력
법조인 법과대학 설득력
영업사원 행정대학 경쟁적
보험계리사 사회대학 외향적

E 기업형

교사 사회대학 친절한
상담사 사범대학 공감적
사회복지사 아동학 봉사적
간호사 간호학 친화력

S 사회형

직업 전공 성격

동들이다. 대표적인 직업으로는 기술자, 항공기 조종사, 정비사, 농부, 엔지니어, 전기 기술자, 운동선수 등이 있다.

탐구형(I)

주로 관찰적, 논리적, 분석적이며 연구, 분석, 평가 활동을 선호한다. 이들은 관심 있는 주제에 대해 계속적으로 관심을 가지고 파고드는 경향이 있으며, 지적·탐구적·학구적이다. 개인적·독립적인 활동을 선호하며, 혁신적 가치관과 태도를 지닌다. 직업 가치로는 주로 지식 추구, 개별 활동을 원하는 경향이 있다. 이들은 스스로 대인 관계 능력보다는 학술적 재능이 있다고 평가한다. 반면 타인들은 이들을 지적이고 분석적이며 독립적이지만 내성적인 사람으로 인식한다. 자연과 사회 현상을 탐구, 이해, 분석하고 예측하는 것을 좋아하나 설득하거나 영업하는 활동은 좋아하지 않는다. 대표적인 직업으로는 과학자, 생물학자, 화학자, 물리학자, 인류학자, 지질학자, 의료기술자, 의사 등이 있다.

예술형(A)

창조적이고 새로운 방법으로 생각과 감정을 표현하는 것을 좋아한다. 변화와 다양성을 선호하고 틀에 박힌 것을 싫어하는 경향이 있다. 보다 자유롭고 상징적인 활동에 흥미가 있다. 독립적이고 복잡한 비구조적인 상황을 선호한다. 그러다 보니 직업을 선택할 때에도 자율적이면서 여유 있는 직업들을 선호한다. 이들은 스스로 사무적 재능보다는 혁신적이고 지적인 재능이 있다고 평가하는 반면에 주변 사람들은 유별나고 혼란스러워 보이며 예민하지만 창조적인 사람이라고 생각한다. 틀에 박힌 일은 매우 싫어하는 경향이 있다. 대표적인 직업으로는 예술가, 작곡가, 음악가, 무대감독, 작가, 배우, 소설가, 미술가, 무용가, 디자이너 등이 있다.

사회형(S)

사람들과 함께하는 활동, 타인을 도와주는 활동을 선호하는 스타일이다. 주변 사람들과 협력적이며 친근함과 관대함이 드러난다. 타인의 문제를 듣고, 이해하고, 도와주고, 치료해 주고 싶은 마음이 있다. 이들은 봉사하는 활동에 흥미가 있어 직업을 선택할 때에도 다른 사람들을 위한 봉사와 변화를 추구하는 경향이 있다. 스스로 기계적 능력보다는 대인 관계에 소질이 있다고 평가한다. 반면 타인들은 이들을 이해심이 많고 사교적이며 동정심과 이타심이 강하다고 평가한다. 싫어하는 활동은 기계적이고 기술적인 활동, 경쟁적인 활동이다. 대표적인 직업으로는 사회복지사, 교육자, 간호사, 유치원 교사, 종교지도자, 상담가, 임상치료사, 언어치료사 등이 있다.

기업형(E)

친구들 관계에서 리더십, 도전, 책임 의식, 타인에게 영향을 주는 스타일이다. 이들은 조직의 목적과 경제적 이익을 얻기 위해 계획, 관리하는 일과 그 결과로 얻어지는 명예, 인정, 권위, 실질적인 보상에 흥미가 있는 사람들이다. 이들은 영향력을 발휘하고 자신이 하는 일에 금전적인 보상을 받을 수 있는가가 직업을 선택할 때 중요한 기준이 된다. 이들은 스스로 과학적 능력보다는 설득력 및 영업력이 있다고 평가하며, 타인들은 열정적이고 외향적이며 모험적이지만 야심이 있는 사람으로 생각한다. 싫어하는 활동은 과학적, 추상적 주제를 논하는 것이다. 대표적인 직업으로는 기업경영인, 정치가, 판사, 영업사원, 상품구매인, 보험회사원, 판매원, 관리자, 연출가 등이 있다.

관습형(C)

사무형이라고도 하는데 이들은 원칙과 계획에 따라 자료를 기록, 정리, 조직하는 일을 좋아한다. 체계적인 작업 환경에서 사무적, 계산적 능력을 발휘하는 활동, 조직하는 활동을 좋아한다. 사무기기나 통계 관리, 재고 관리 등의 활동에 흥미를 갖는다. 이들이 직업을 선택할 때 중요하게 여기는 가치는 안정성, 성취감이다. 이들은 스스로 예술적 재능보다 비즈니스 실무 능력이 있다고 판단한다. 반면 타인들은 안정을 추구하고 규율적이지만 유능한 사람이라고 여긴다. 이들이 싫어하는 활동은 명확하지 않은 모호한 과제, 불규칙한 일정을 소화해야 하는 것들이다. 대표적인 직업으로는 공인회계사, 경제분석가, 은행원, 세무사, 경리, 컴퓨터 프로그래머, 감사원, 안전관리사, 사서, 법무사 등이 있다.

위의 6가지 RIASEC을 살펴볼 때 반드시 알아 두어야 할 중요한 개념이 있는데 바로 일관성이다. 반포에서 코칭했던 윤정이에게 스트롱 검사를 해 보았더니 흥미 유형 코드가 AC가 나왔다. 예술적(A)이고 관습적(B)인 흥미를 가졌다는 것인데 이 둘은 육각형을 두고 보면 거리가 좀 있다. 예술적(A)이면서 탐구적(I)인 흥미가 있거나 혹은 예술적(A)이면서 사회적(S)인 흥미가 있다면 어느 정도 일관성이 높다고 보는데 AC는 일관성이 낮다.

그래서 윤정이에게 "혹시 집에서 누가 너더러 안정적인 직업을 권하니?"라고 묻자, 윤정이는 바로 "언니가요."라고 했다. 본인은 정말 음악을 하고 싶은데 언니를 비롯해서 부모님도 안정적인 공무원을 계속 애기한다는 것이었다. 그러다 보니 스트레스는 점점 쌓여 가고 욕구가 충족되지 않으니 불만이 이만저만이 아니라고 했다.

이렇게 흥미 유형 검사는 단순히 검사를 해석하는 차원에서 활용하는 것이 아니라 학생의 현재 상태에서 충족되지 못하고 있는 욕구는 무엇인지도 살펴볼 수 있다.

❖ 자녀의 재능을 다중 지능으로 유형화한다

강점의 사전적 정의는 '남보다 뛰어나거나 우세한 점'이지만 진로 진학 코칭에서 강점의 정의는 '내 안의 여러 가지 장점 중 가장 뛰어난 장점'이다. 사람은 누구나 장점을 가지고 태어난다. 그러나 이 장점이 직업으로 삼을 수 있는 강점이 되려면 많은 지식과 기술이 필요하다. 자녀의 재능은 부모가 강점을 자주 이야기해 줄 때 비로소 보인다. 그리고 진로 발견에서 중요한 것이 자기 이해인데 부모가 자녀의 강점을 말해 주면 자녀는 더욱더 자기 마음을 긍정적으로 들여다보고 자신감을 갖게 된다.

서초구에 사는 중학교 2학년 정현이의 진로 코칭을 했을 때 일이다. 정현이에게 자신의 장점과 단점을 써 보라고 했다. 정현이는 한참을 망설이더니 장점은 2개, 단점은 10개를 썼다. 스스로 장점보다 단점이 많다고 여기는 것 같았다. 그래서 평소 정현이에게 장점을 말해 주는 사람이 있는지 물어보니 "요즘 누가 그런 걸 말해 줘요."라고 대답했다.

코칭이 끝난 후 부모님과 상의를 하여 주말에 가족과 함께 정현이의 강점을 찾아주는 시간을 갖자고 제안하였다. 주말 오후에 정현이 집 거실 바닥에 사진 250장을 뿌려 놓았다. 빅 픽처(Big Picture)라는 사진인데 사진 전문가의 도움을 받아 만든 것으로 자신의 강점을 말로 표현하기 어려운 학생들에게 유용하다.

가족이 함께 모여 앉았다. 먼저 평소에 자신의 강점이라고 생각하는 것 3가지를 종이 위에 쓰라고 했다. 그리고 그 3가지를 표현하는 사진 3가지를 찾고, 휴대폰 카메라로 찍어서 자리로 돌아오라고 했다. 자리로 돌아온 다음 각자가 생각하는 자신의 장점을 찍은 사진으로 설명해 주라고 하였다.

자신의 장점에 대한 설명이 끝난 뒤 이번에는 가족 구성원들의 강점을 찾아보고 사진을 찍어 오라고 했다. 다시 한 사람씩 돌아가면서 서로가 들려주는 강점에 대해 듣는 시간을 가졌다. 이때 듣는 사람은 상대방이 강점을 이야기할 때 "아니에요. 저 그런 사람 아니에요."라고 말할 필요는 없다고 말해 주었다. 상대방이 본 강점이 자신은 미처 보지 못한 것일 수 있기 때문이다.

먼저 아버지가 "정현이는 신중하고, 분석력과 공간 지각력이 좋은 것 같아요."라고 말했다. 어머니는 "정현이는 창의력이 좋아요. 물론 느린 면이 있지만요."라고 말했다. 이야기를 듣는 내내 정현이는 쑥스러운지 얼굴이 붉어졌다. 마지막으로 초등학교 5학년인 동생은 "형은 차분하고 내가 관심 있는 부분에 대해 친절하게 이야기해 줘요. 맛있는 것도 혼자 먹지 않고 나눠 줘요."라고 말했다. 갑자기 집안 분위기가 화기애애해졌다.

가족 모두 서로에게 자신의 강점과 서로의 강점을 말해 주는 시간을 갖고 난 뒤 기분이 어떤지 물어보았다. 그러자 아버지는 가족끼리 같이 살면서 한 번도 이런 이야기를 나눠 본 적이 없었다고 했다. 어머니 역시 마찬가지였다. 그 동안 아이의 강점을 알고는 있었지만 이렇게 이야기를 해 주니 확실히 다르다는 것을 느꼈다고 했다.

이렇게 서로의 강점을 찾아주고 이야기해 주면 관계가 더욱 풍성해지고 자녀의 자존감도 높아진다. 뿐만 아니라 자녀는 자신의 재능에 대해 더욱 생각해 보고 자신의 미래를 꿈꿔 보기도 한다. '나는 앞으로 무엇을 하면 좋을까?', '나는 이런 강점을 갖고 어떤 직업을 가지면 좋을까?' 등 자발적인 물음을 통해 성장할 수 있다.

자녀의 강점을 찾아주는 또 다른 방법은 강점을 유형화한 다중 지능 검사를 하는 것이다. 1983년에 하워드 가드너 박사는 다중 지능 이론을 펴며 인간의 지능을 연령이나 문화를 무시하고 수리 논리 지능(IQ) 한 가지로 재단하는 것은 문제가 있다고 주장했다. 그러면서 각 강점은 서로 독립적이며 상호보완적으로 나타나기 때문에 부모의 관찰과 함께 진행될 때 발견하기 쉽다고 했다.

최근 들어 무분별한 사교육 업체들이 자녀의 다중 지능을 골고루 개발시켜 주어야 한다며 교육을 하는데 이는 틀린 말이다. 오히려 가드너 박사는 아이들마다 각자 고유의 사고 형태를 갖고 있으므로 이에 맞춰 개별화 교육을 하는 것이 좋다고 했다.

다중 지능에는 언어 지능, 논리-수학 지능, 공간 지능, 신체-운동 지능, 음악 지능, 대인 관계 지능, 자기 이해 지능, 자연 탐구 지능의 8가지가 있다(최근에 실존 지능이 포함되어 총 9가지로 늘어났다). 이 모든 지능이 자녀의 내면에 있다. 중요한 것은 이 강점 지능을 어떻게 개발하느냐이다. 왜냐하면 강점은 결국 자녀의 직업과 진로를 탐색하는 기준이 될 수도 있기 때문이다.

다중 지능의 종류

다중 지능

대인 관계 지능
대인 관계를 잘 이끌어 가는 능력(링컨, 처칠, 간디)

자기 이해 지능
자신의 심리와 정서를 파악하고 표출하는 능력(프로이드, 성철스님, 이상)

자연 탐구 지능
환경을 인식하고 분석하는 능력(허준, 파브르, 윤무부)

공간 지능
도형, 그림, 지도, 입체 등을 구성하고 창조하는 능력(피카소, 가우디, 월트 디즈니)

음악 지능
음과 박자를 쉽게 느끼고 창조하는 능력(모차르트, 정명훈, 조수미, 서태지)

신체-운동 지능
춤, 운동, 연기 등을 쉽게 익히고 창조하는 능력(나폴레옹, 찰리 채플린, 타이거 우즈, 박지성)

논리-수학 지능
숫자나 규칙, 명제 등을 잘 익히고 만들어 내는 능력(아인슈타인, 스티븐 호킹, 빌 게이츠, 안철수)

언어 지능
말재주와 글솜씨로 세상을 이해하고 만드는 능력(카이사르, 셰익스피어, 유재석)

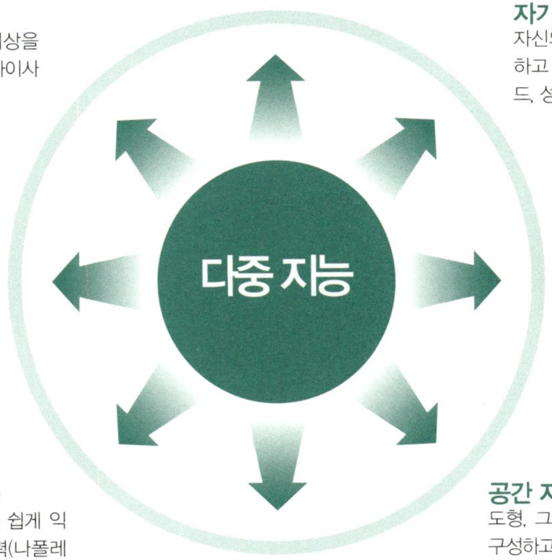

다중 지능의 정의

지능	정의
언어 지능	-단어를 효과적으로 사용하는 능력(말과 글로 표현) -언어를 이해하고 실용적 영역을 조작하는 능력
논리-수학 지능	-숫자를 효과적으로 사용하는 능력 -사물 사이의 논리적 계열성을 이해하고 유사성과 차이점을 측정하고 사정하는 능력
공간 지능	-방향 감각, 시각, 대상을 시각화하는 능력 -색, 줄, 형태, 구조에 관련된 지능으로 사물을 인지하는 능력 -내적인 이미지와 사진과 영상을 창출하는 능력
신체-운동 지능	-신체의 운동을 손쉽게 조절하는 능력 -손을 사용하여 사물을 만들어 내고 변형시키는 능력
음악 지능	-음악에 대한 전반적인 직관적 이해와 분석적이고 기능적인 능력(음에 대한 지각력, 변별력, 변형 능력, 표현 능력)
대인 관계 지능	-다른 사람의 기분, 의도, 동기, 느낌을 분별하고 지각하는 능력 -타인에게 동기를 부여하고 변화에 대해 유추하는 능력 -감각과 대인관계의 암시를 구별해 내는 능력 -실용적 방식으로 암시에 반응하는 능력
자기 이해 지능	-자아를 이해하는 데 관련된 지식과 그 지식을 기초로 적응하는 능력 -자신에 대해 정확히 알고, 그에 따른 자아 훈련, 자아 이해, 자존감을 위한 능력 -메타 인지, 영혼의 실체성 지각 등 고도로 분화된 감정들을 알아 내어 상징화하는 능력
자연 탐구 지능	-사물을 구별하고 분류하는 능력과 환경의 특징을 사용하는 능력 -분별-대처 기능으로 사물을 분별하고 그 사물과 인간의 관계를 설정하는 대처 기능

다중 지능에 부합하는 대표 직업

지능	활동	대표 직업
언어 지능	공식 연설, 일기, 창작, 언쟁, 임기응변, 유머 및 농담, 이야기 만들기	강사, 방송인, 정치가, 시인, 작가, 편집자, 기자, 개그맨, 변호사
논리–수학 지능	추상적 공식, 도표 구조화, 수열, 계산법, 부호 해독, 삼단논법, 문제 해결	수학자, 회계사, 통계 전문가, 과학자, 컴퓨터 프로그래머, 세무사, 토지측량기사, 빅데이터 전문가
공간 지능	항해, 지도 제작, 체스 게임, 상상력, 색채 배합, 패턴, 디자인, 그림, 데생, 인지도, 조각, 사진	항해사, 건축가, 인테리어 건축가, 사진가, 예술가
신체–운동 지능	춤, 연극 활동, 무술, 운동, 스포츠, 농기계 제작, 뮤지컬 활동	무언극 배우, 운동선수, 무용가, 공예가, 조각가, 기계공, 외과의사
음악 지능	리듬 패턴, 보컬 사운드, 작곡 및 편곡, 배경음악 선정, 악기 연주, 노래, 공연	음악 평론가, 작곡가, 연주가, 악기기술자, 영화음악감독
대인 관계 지능	피드백 주고받기, 타인의 감정에 대한 이해, 협력 학습 전략, 일대일 대면, 공감, 분업, 집단 프로젝트	카운슬러, 교사. 심리치료사, 정치가, 마케터, 세일즈맨
자기 이해 지능	반성적 사고, 메타 인지 기술, 사고 전략, 정신 집중 기술, 고도의 추론	철학자, 신학자, 소설가, 심리학자
자연 탐구 지능	관찰, 견학, 소풍 여행, 하이킹, 자연보호, 모험심 기르기, 동물 기르기	식물학자, 과학자, 숲 해설가, 수의사, 해양학자, 공원관리자, 도보여행자, 지질학자

각 지능과 관련된 강점들을 살펴보았는데, 무엇보다 자녀의 강점을 어떻게 개발시켜 줄 것인가가 중요하다. 강점을 개발하여 성공한 사람들의 공통점을 살펴보면 다음과 같다.

첫째, 자녀의 재능을 강점으로 만들기 위해 부단히 노력한다. 이들은 자녀의 재능을 개발시켜 주기 위해 흥미 적성에 필요한 책을 다양하게 함께 읽는다. 그리고 자녀가 필요한 훈련을 받을 수 있도록 도와준다.

둘째, 끊임없이 관찰하고 피드백을 한다. 하워드 가드너 박사 역시 강점 발견을 하려면 관찰이 절대적으로 필요하다고 보았다. 관찰을 기반으로 자녀의 강점을 발견해야 어떻게 도와주어야 할지 보이기 때문이다. 관찰이란 자신의 생각으로 판단하는 것이 아니라 있는 그대로 바라보고 자녀의 행동이 이해되지 않는다면 전문가를 찾아 별도의 상담을 받아 볼 것을 권한다.

셋째, 멘토나 코치가 함께 있다. 자녀의 장점과 약점을 주도적으로 관리하기 위해서 그들은 끊임없이 멘토나 코치와 함께 소통을 한다. 그런 소통 속에서 자녀의 부족함을 알게 되고 재능을 개발하여 크게 성장시킨다.

❖ 직업 가치관을 살펴보고 직업 선택의 기준을 파악한다

미국의 한 항공사가 승무원 선발 공고를 냈다. 우대 조건은 여행을 즐기는 사람이었다. 입사한 이들은 초기엔 높은 근무 의욕을 나타냈

으나 6개월이 지나자 줄줄이 퇴사해 버렸다. 당황한 항공사는 승무원 채용에 대해 전문가의 조언을 받았다. 그리고 남에게 친절 베풀기를 즐기는 사람들을 뽑았다. 그러자 그들은 매우 즐거워하면서 오래 근무했다. 무엇 때문이었을까? 승무원이라는 직업에 필요한 가치는 친절을 베푸는 것이기 때문에 그들에게 잘 맞았던 것이다.

모든 직업에는 필요한 직업 가치관이 있다. 마찬가지로 구직을 하는 모든 사람은 자기만의 직업 가치관이 있다. 양자의 직업 가치관이 일치할 때 보다 행복한 직장 생활을 할 수 있다.

직업 가치관은 직업을 선택하는 기준이다. 직업 가치관은 성장 과정에서 형성된다. 가난하게 살았던 사람에게 직업 선택의 기준은 보수, 성격이 자유분방하고 다른 사람의 지시나 명령을 듣기 싫어하는 사람에게 직업 선택의 기준은 자율성, 어떤 일을 하더라도 많은 사람과 함께 일하면서 의미를 발견하는 사람에게 직업 선택의 기준은 더불어 일하는 것이다. 그 밖에도 직업 가치관은 능력 발휘, 다양성, 안정성, 사회적 인정, 애국, 발전성, 창의성, 몸과 마음의 여유 등이 있다.

부모가 직업 가치관 유형에 맞는 직업의 종류를 알고 있으면 자녀의 진로 지도에 많은 도움이 된다. 성격 유형과 흥미 유형, 그리고 강점 지능과 관련된 직업들은 직업 가치관 유형과 함께 자녀에게 맞는 직업이 무엇인지 찾을 수 있는 판단의 근거가 된다.

그렇다면 부모가 유심히 살펴보아야 할 것은 무엇일까? 무엇보다 부모는 평소 자녀의 가치관이 어떻게 형성되고 있는지 관심을 갖고 대화를 하는 것이 필요하다. 자녀에게 좋았던 사건, 좋지 않았던 사건들이 있을 때마다 그냥 지나치는 것이 아니라 그 사건을 통해 어떤 가

직업 가치관의 유형

직업 가치관 유형	직업 종류
능력 발휘	가수, 건축기술자, 검사, 경영 컨설턴트, 국제무역사, 디자이너, 작가, 경찰관, 쇼핑호스트, 변호사, 모델, 동시통역사, 작곡가
다양성	건축기술자, 경찰관, 공연기획자, 심리치료사, 안무가, 미용사, 영화감독, 요리사, 기사, 농업인, 성형외과의사, 성우, 초등학교 교사
보수	감정평가사, 로봇공학자, 공인회계사, 외환 딜러, 시스템 엔지니어
안정성	물리치료사, 교사, 기상연구원, 한의사, 의사, 변리사, 공무원, 철도기관사, 세무사
사회적 인정	검사, 대학교수, 기자, 아나운서, 항공우주공학자, 도선사, 연출가
지도력 발휘	검사, 경찰관, 스포츠 감독, 영화감독, 교사, 의사, 지휘자, 안무가
더불어 일함	간호사, 관광기획자, 비서, 국제회의 전문가, 스튜어디스, 외교관, 요리사, 건축가
사회봉사	공무원, 미용사, 운전기사, 사회복지사, 응급구조사, 판사, 성직자, 소방관
발전성	웹디자이너, 광통신연구원, 귀금속세공사, 미생물학자, 기업분석가, 빅데이터 전문가
창의성	게임기획자, 영화감독, 영화기획자, 디자이너, 유전공학자, 일러스트레이터, 음악가, 사진사, 만화가, 무용가, 성우, 컴퓨터프로그래머, 기상연구원
자율성	공인노무사, 농업인, 광고기획자, 대학교수, 번역가, 파티플래너, 작가
몸과 마음의 여유	레크리에이션 진행자, 교사, 대학교수, 화가, 조경기술자
애국	군인, 경찰관, 검사, 소방관, 사회단체 활동가
근무 여건	HRD 전문가, 교수, 외국계 기업 임직원, 공기업 임직원

치관이 만들어지고 있는지 질문하는 것이다. 질문하는 과정 속에서
자녀 역시 자신의 생각을 되돌아보며 직업 가치관을 명료하게 만들
어 가는 기회를 얻게 된다. 따라서 부모는 지속적인 대화로 자녀가 스
스로 자신의 직업 가치관을 살펴보고 미래에 직업을 선택하는 기준을
다듬어 갈 수 있도록 도와주어야 한다.

❖ 심리 검사는 양날의 칼이다

"진단 검사의 내용을 얼마나 신뢰해야 하나요?"

코칭을 할 때 부모들이 으레 질문하는 것 중의 하나이다. 시중에 너
무 많은 검사가 난립한 상태이다 보니 정보의 홍수 속에서 진주를 찾
고 싶어 하는 마음 때문일 것이다. 심지어 어떤 부모는 한 업체에서
자체 개발한 심리 검사지가 특허를 받았다는데 막상 검사를 해 보면
아닌 것 같다고 하면서 신뢰가 가지 않는다고 했다. 그렇다면 도대체
심리 검사는 정말 필요한 것인지, 필요하다면 어떤 검사를 해야 하는
지 고민스러울 텐데 한 번 살펴보자. 심리 검사는 양날의 칼이다. 칼을
도둑이 쓰면 사람을 죽이는 도구가 되고, 백정이 쓰면 돼지나 닭을 잡
는 도구가 된다. 심리 검사도 마찬가지이다.

첫째, 심리 검사를 하려면 우선 누가 만들었는지 살펴보는 게 중요
하다. 학부생이 만든 검사, 혹은 독학으로 만든 검사, 석사이지만 충분
한 임상 없이 만든 검사 등 다양한 사람이 만든 검사지가 있다. 검사
지는 관련 분야 박사 2~3명이 함께 만든 것이 신뢰도가 높다. 그 분야

의 박사학위를 받았다는 것은 나름대로 연구할 만한 자격을 갖추었다는 증거이기 때문이다.

둘째, 표준화 작업이 되었는지 살펴보아야 한다. 검사지 자체는 질문으로 구성되어 있고, 피검사자가 질문에 대한 답을 쓰는 형태이다. 즉 질문과 답의 연속이다. 사람마다 적어 내는 답의 내용이 다양하다 보니 표준화 작업을 통해 검사의 신뢰도를 높이는데, 표준화 작업이 되려면 최소한 임상으로 검사한 학생이 1만 명은 되어야 검사로서 신뢰할 수 있다. 그래서 좋은 검사는 해석지에 타당도라는 것이 표기되어 있다. 임상 검사한 학생은 3만 명이라고 했는데 타당도 표기가 없다면 표준화 작업이 잘못된 것이다.

셋째, 좋은 검사는 결과지의 구조가 심플하다. 결과지를 살펴보면 막대 그래프도 있고 분포도도 있을 것이다. 막상 해석을 하려고 살펴보았는데 결과지에 나온 지침들이 막연하게 느껴졌다면 알고리즘이 잘못된 것이다. 즉 사용자 중심의 기획이 부족하다는 뜻이다.

무엇보다 가장 중요한 것은 누가 검사를 해석해 주느냐이다. 보통 검사 후 학생과 부모를 앞에 앉혀 놓고 검사지를 읽어 주는 데 그치는 사람이 많다. 만약 검사지를 읽어 주는 수준에서 그친다면 그 사람은 검사지 문항이 무엇이 있는지조차 모르는 사람이다. 검사지의 문항은 현상이나 증상을 파악하기 위해 만들어진 질문들인데 질문이 예리하고 날카로울수록 좋은 문항이다. 검사를 해석하는 사람은 이 질문을 바탕으로 더 필요한 질문을 하고 현 시점에서 학생에게 필요한 정보를 준다. 임상 경험이 많은 상담자일수록 다양한 사례를 소개해 주면서 결국 선택은 학생과 부모가 할 수 있도록 안내해 준다.

3

세상의 필요와 아이의 재능이 만나는 지점 찾기 – 직업 세계 이해

❖ 기술 혁신은 미래 트렌드를 읽는 키워드이다

중학교 3학년 민철이의 어머니는 아들의 진학 문제로 고민이 많았다. 민철이의 성적은 반에서 중간 정도 하는데 이 성적으로는 자사고 진학은 어렵다고 판단한 것이다. 민철이 어머니는 민철이가 중학교 1학년 때 공부를 곧잘 했기에 내심 외국어고등학교에 진학하길 바랐다. 그런데 민철이가 학년이 올라갈수록 성적은 떨어지고 고등학교 올라가서도 바닥에서 성적을 깔아 줄 것이라고 생각하니 한숨만 나온다고 했다.

먼저 민철이에게 "혹시 가고 싶은 학과가 있니?" 하고 물었다. 민철이는 "문예창작학과에 가고 싶어요."라고 했다. 게임시나리오 작가를 하고 싶다는 것이었다. 그 말을 들은 민철이 어머니는 역정을 내었다.

지금 문예창작학과가 대학에서 사라지는 판국인데 과연 밥벌이는 할 수 있을지가 고민이라고 했다.

많은 부모가 문·이과 진학을 놓고 고민을 많이 한다. 심지어 자녀와 우격다짐으로 싸우기도 한다. 미래 트렌드를 읽는 몇 가지 키워드를 알고 있으면 자녀의 진로 진학 지도에 많은 도움이 될 것이다.

첫째, 미래 직업 구조의 변화를 견인하는 것은 바로 소프트웨어 기술력이다.

2011년 세계 기술 트렌드를 살펴보면 소프트웨어가 모든 사물과 연결되고 있다는 점이다. 기존 PC 시대에는 모든 결제를 웹 상에서 할 수 있도록 했고 온라인 상점의 등장으로 전자상거래가 활발하게 움직였다. 온라인 시장의 소비 규모가 때로는 오프라인 소비 규모와 맞물려 돌아가면서 세계 경제를 이끌었다고 해도 과언이 아니다. 그러다가 2009년에 아이폰이 등장하면서 새로운 모바일 플랫폼 시대를 열게 되었다. 다양한 기술력을 바탕으로 한 애플리케이션이 등장했고 그 동안 웹 상에서 결제하던 시스템이 모바일 환경으로 바뀌기 시작하면서 이제 PC용과 모바일용 홈페이지를 같이 만들지 않으면 경쟁에서 살아남기 힘든 시대가 되었다.

이제 모바일 시대 다음은 무엇일까? 웨어러블 시대, 즉 입는 옷이나 시계·안경과 같이 착용할 수 있는 컴퓨터 시대가 도래할 것이라는 예측이 있다. 현재 애플사의 아이워치, 삼성의 갤럭시 기어가 바로 그 예이다. 페이스북은 2015년 3월에 가상 현실 기기를 만드는 오큘러스를 2조 3천억 원에 인수했다. 인수를 하면서 페이스북의 마크 주커버그는 새로운 시대를 위한 플랫폼을 준비하기 위한 시작이라고 역설

했다.

이후로도 플랫폼 전쟁은 끊임없을 것이고 공상 과학 영화에서 보던 일들이 머지않아 우리 삶 속에서 구현될 것이다. 소프트웨어의 발전은 우리 삶의 환경을 바꾸기 시작했고 점진적으로 사물 인터넷 시대, 즉 사물과 사물이 인터넷으로 연결되는 시스템으로 정착될 것이다. 아파트 입구에서 차량이 들어오면 바로 집 안에 알람이 울려 신상을 파악할 수 있는 것도 사물 인터넷의 일종이다.

둘째, 디지털 빅데이터 경제 시대가 빠르게 다가온다는 것을 주목할 필요가 있다.

빅데이터란 문자와 영상 데이터를 포함하는 대규모 데이터를 말한다. 인터넷으로 물건을 주문하고 은행 거래를 할 때 거래마다 사용자의 흔적이 코드화되어 자료로 남는다. 2014년 기준 SNS 메신저인 트위터에서만 하루 평균 1억 8,500만 건이 발생하고 있고, 유튜브에서만 하루 평균 동영상 재생 횟수가 60만 건을 넘고 있다.

최근에는 빅데이터를 통해서 발달한 편의는 구매 이력 조회와 웹로그 분석을 통한 마케팅 전략을 세울 수 있다는 점, 그리고 위치 기반 서비스를 통해 소비자가 원하는 서비스를 적기에 적절한 장소에서 실시할 수 있다는 점이 흥미롭다. 즉 소비자들이 남겨 놓은 흔적들을 통해 소비자 욕구에 맞는 서비스를 적재적소에 공급할 수 있다는 것은 수요와 공급을 중요하게 여기는 직업 시장에서 획기적인 변화를 가져올 수 있다.

디지털 환경은 우리의 족적만을 기록하는 데 그치지 않는다. 페이스북이나 트위터 이용자라면 그 사람의 관심사와 정치 성향은 물론 어떤 사람들과 관계를 맺는지도 드러난다. 이런 정보를 모으면 그 사람이 어떤 유형의 라이프스타일을 갖고 있는지, 이번 선거에서 누구에게 투표할지도 예측할 수 있다. 이처럼 디지털 빅데이터 시대에는 개인의 세밀한 욕구에 충분히 부응할 수 있는 서비스가 모든 분야에서 나타날 것으로 보인다.

셋째, 3D 프린터 기술의 발전이다.

3D 프린터 기술이 인터넷 기술 발전보다 더 빠르게 압도할 것이라는 전문가들의 의견이 있다. 3D 프린터란 컴퓨터 디자인 프로그램으로 만든 3차원 도면을 바탕으로 실물의 입체 모양을 그대로 찍어 내는 기계이다. 어떤 제품을 만들어 낼 계획을 내포한 설계도만 있으면 고무는 물론 플라스틱 · 금속 · 세라믹 등 150여 개 소재로 몇 시간 안에 실물로 만들 수 있다. 현재 재료는 플라스틱에서 나일론 · 금속 등으로 확장되었으며, 실제 출력 부품도 시계 · 신발 · 휴대전화 케이스 · 자동차 부속품으로까지 발전했다.

3D 프린터는 21세기 최첨단 기술의 결정체로 손꼽힌다. 2012년 세계경제포럼(WEF)은 미래의 10대 기술을 발표하면서 3D 프린터를 두 번째 혁신 기술로 꼽았다. 이에 제러미 리프킨은 3차 산업혁명의 특징을 '누구나 기업가가 되어 혁신적 아이디어를 제품으로 만드는 시대'라고 강조했다. 3D 프린터가 주목받는 이유는 재료가 가볍고 필요한 양만 맞춤 생산할 수 있어 낭비가 없으며, 제품 출시가 획기적으로 빠르기 때문이다. 이러한 변화는 결국 음악과 동영상을 복제하듯이 물체를 복제하는 시대, 신흥국에 저임금 아웃소싱을 하던 현상이 감소하는 시대, 물류 산업의 요동과 저작권의 경계가 무너지는 시대를 불

러올 것이다.

넷째, 기술 융합의 시대가 오고 있다는 점을 알아야 한다.

미래에는 기술 간 협력을 요구하는 융합 기술이 필수이다. 융합 기술을 이용한 대표적인 산물이 바로 스마트폰인 아이폰이다. 아이폰이 나오기 전에는 전화기, 라디오, 녹음기, 사진기 등은 모두 개별로 존재했다. 모든 기능이 스마트폰 안에서 이루어지는 아이폰의 등장은 기존 PC 시장을 대체할 만한 놀라운 플랫폼이었다. 이런 스마트폰의 출현은 학문의 영역까지 허물었다. 금융과 IT가 묶여서 전자 결제 시스템과 모바일 뱅킹이 등장했고, 교육과 IT가 묶여서 전 세계 어디서나 유명 교수의 강의를 들을 수 있는 MOOC(Massive Open Online Course의 약자. 전 세계 유수의 대학 강의를 무료로 수강할 수 있는 교육 과정)가 등장하면서 사람들의 삶의 질을 향상시키고 있다.

그렇다면 이런 기술 변화에 발맞춰 어떤 직업들이 미래에도 존속할까? 다음은 미래 직업 구조의 변화를 가져올 것으로 예상되는 학과와 직업들이다.

소프트웨어 시대를 위한 학과와 직업

학과 : 전자공학과, 기계공학과, 수학과, 컴퓨터공학과, 소프트웨어 개발학과, 전기공학과,통계학과, 생물학과, 화학공학과

직업 : 컴퓨터프로그래머, 애플리케이션 개발자, 로봇공학자, 가상현실전문가, 인공심장전문가, 바이오화학전문가, 우주공학자, 생화학전문가

빅데이터 시대를 위한 학과와 직업

학과 : 통계학과, 산업보안과, 수학과, 응용수학과, 컴퓨터공학과, 소비자학과

직업 : 빅데이터 전문가, 산업보안전문가, 컴퓨터프로그래머, 교육전문가

3D 프린터 시대를 위한 학과와 직업

학과 : 기계공학과, 전기공학과, 컴퓨터공학과, 컴퓨터 그래픽학과, 건축학과, 시각디자인학과, 공업디자인학과 등

직업 : 컴퓨터 공학자, 3D 프린터 기술자, 3D 제품 설계자, 국제변리사, 특허전문변호사

기술 융합 시대를 위한 학과와 직업

학과 : 의료공학과, 에너지공학과, 바이오공학과, 산업공학과, 공업디자인학과, 교육공학과, 금융공학과, 디지털컨텐츠학과, 동화컨텐츠학과, 환경공학과, 문예창작학과

직업 : 동화컨텐츠 전문가, 의료공학자, 에너지공학자, 환경공학전문가, 교육컨텐츠전문가, 웹에디터, 웹기획자

문예창작학과는 예체능 계열에서 글 솜씨를 갖고 있는 사람들이 모여 공부하는 곳이다. 어떤 이는 문예창작학과가 사라지고 관련 직업들도 사라질 것이라고 하지만 그렇지 않다. 이제 글쓰기는 하나의 기술이다. IT 기술과 글쓰기를 묶어서 서비스를 하는 회사가 이미 꽤 된다. 대표적인 예가 피키캐스트라는 업체이다. 기존의 사건이나 뉴스를 소비자의 입맛에 맞게 재편집해서 올리는 일을 하는데 이 회사의

주요 기술자들은 글을 잘 쓰는 에디터들이다. 이미 매출이 상당한데 많은 사람이 피키캐스트 앱을 사용하다 보니 광고가 많이 붙은 것이다.

이처럼 융합을 생각하면 사실 사라질 직업은 그렇게 많지 않다. 중요한 것은 현 시대가 온라인과 오프라인을 넘나들며 서비스하는 블렌디드 시대이기 때문에 이원론적으로 생각하지 말고 다양한 관점에서 융합을 생각해 보면 더 멋진 직업이 창조될 것이라고 본다.

❖ 직업의 수요와 공급을 주도하는 인구 변화

인구 변화 역시 직업의 수요와 공급을 주도한다. 인구가 많다는 것은 경제생산능력의 규모가 크다는 것을 의미한다. 2017년에는 생산가능인구가 감소하고 2018년에는 65세 노인인구 비율이 14%를 돌파해 고령사회에 진입한다. 2020년 베이비붐 세대마저 노인 세대로 진입하고 나면 생산가능인구가 급격히 줄어드는 '인구 절벽' 시대에 진입하게 되고 결국 2031년에는 총인구가 감소하면서 '저출산의 덫'에 갇히게 된다.

세계적인 경제 예측가이자 글로벌 베스트셀러 작가인 해리 덴트는 『2018 인구 절벽이 온다』에서 "한국의 가장 위험한 시기는 지금부터 2016년까지 그리고 2018년과 2019년이다."라고 주장했다. 그 이유로 인구 구조의 변화로 인한 세계 경제의 디플레이션을 꼽았다. 인구 절벽이란 한 세대의 소비가 정점을 찍고 감소해 다음 세대가 소비의 주역으로 출현할 때까지 경제가 둔화되는 것을 말한다. 인구 절벽이 진행됨에 따라 2020년쯤에는 유의미한 변화들이 나타날 것이다. 이 시기는 베이비붐 세대가 노년기로 진입하는 시기와도 맞닿아 있다.

지금 세계는 유럽에서 흑사병이 휩쓴 이후 처음으로 앞 세대보다 인구 규모가 작은 세대가 뒤따르는 상황에 직면했다. 이는 다음 세대에는 소비자와 대출자, 투자자가 모두 줄어든다는 것을 의미한다. 이미 프랑스나 영국은 이런 생산가능인구가 줄어들 것을 예측하고 아동·청소년복지 정책에 많은 시간과 노력을 더해서 생산가능인구를 늘렸고, 미국은 적극적인 이민 정책을 펼치면서 세계에서 유능한 생산가능인구를 만들어 냈다.

실제로 통계청 자료에 따르면 미래 인구를 추론해 본 결과 국내 45~49세 인구수는 2018년에 436만 명으로 정점을 찍고, 이후에는 꾸준히 감소할 것이라는 전망을 내놓았다. 특히 경제 활동의 중추 역할을 했던 이들이 감소한다는 것은 2020년부터는 우리나라의 경제 기반이 매우 약해진다는 것을 의미한다.

이미 저출산 및 고령화 현상의 전철을 밟고 있는 일본의 경우는 금융 시장에 큰 변화를 가져왔다. 미래가 불확실하다 보니 가계금융은 투자상품보다는 안정적인 저축상품 중심으로 바뀌었다. 우리나라도 현재 비슷한 형태로 가고 있다. 개개인이 위험을 회피하려는 이유는 노인과 유소년을 책임져야 하는 이른바 부양비(생산가능인구 100명이 부양해야 하는 유소년＋노인인구) 때문이다. 2015년의 부양비는 전체 예산의 37%인데 2060년에는 부양비가 79%가 될 거라고 한다. 부양비 부담 때문에 개개인은 투자를 꺼리게 되고, 그러다 보니 사회 곳곳에 투자를 필요로 하는 곳에 자금이 돌지 않아 장기적으로 경기침체로 빠지게 된다.

청소년인구의 감소도 교육계에 큰 변화를 가져올 것이다. 2014년 기준 청소년인구는 950만 명인데 2030년이 되면 480만 명으로 줄어들게 된다. 2018년부터는 대입 정원이 고등학교 졸업자보다 많아질 것으로 보이며 전문대학의 경우 입학 정원의 40%는 미달될 것으로 보인다.

그렇다면 인구 변화와 함께 우리가 예측해 볼 수 있는 유망한 직업은 무엇이 있을까? 우선 고령화로 인해 주소비층이 줄어들게 되면서 외식업, 통신, 교통 분야는 감소될 전망이다. 가전제품 분야는 점진적으로 1인용 중심으로 변모하게 되면서 직업의 수요와 공급도 피할 수 없는 변화를 맞이할 것이다.

노인 인구 증가와 관련된 학과와 직업

학과 : 사회복지학과, 의료복지학과, 간호학과, 의예과, 장례문화학과, 보건학과, 물리치료학과, 금융공학과, 의료공학과

직업 : 노인상담심리사, 노인돌보미, 보청기 컨설턴트, 노인여가 컨설턴트, 요양보호사, 전문간병인, 노인 컨시어지, 노후설계전문가

❖ 문 · 이과를 선택할 때는 적성을 생각하라

미래가 불확실하다고 한다. 그러다 보니 부모들은 "기술이 있는 직

업을 선택해야 하지 않을까?"라는 생각을 한다. 불과 몇 년 전에 이공계 기피 현상이 일어났다가 지금은 오히려 이공계가 아니면 취업도 되지 않는다고 하면서 문과를 기피하는 현상이 생겼다. 오죽했으면 인구론(인문계 90%는 논다의 줄임말)이라는 말까지 생겼을까?

세월이 흘러도 인기 있는 직업들이 있다. 바로 일신전속의 속성을 지닌 직업들이다. 일신전속이란 법률 용어로 특정한 자에게만 귀속하며 타인에게는 양도되지 않는 속성을 말한다. 대표적인 직업은 의사, 치과의사, 한의사, 세무사, 관세사, 행정사, 법무사, 회계사 등이다. 이들은 회사라는 시스템이 없어도 자신의 일을 창업할 수 있다.

반면 타인에게 양도되는 속성을 가진 직업들이 있다. 소프트웨어 개발자, 기계공학자, 전기공학자 등이다. 이들이 회사에서 근무하는 동안 개발한 모든 저작물은 회사에 귀속된다. 즉 시스템과 자본이 없으면 혼자서 창업하기 어려운 구조이다. 이과를 선택해서 직업을 갖게 되면 사물을 다루는 기술 직업들은 기술의 빠른 변화로 인해 끊임없이 공부해야 한다. 기술의 변화가 예전에는 10년 주기였으나 요즘은 1년 주기로 바뀌면서 엔지니어들은 지속적으로 공부를 하지 않으면 안 되게 되었다. 인생 자체가 고3의 연속이다.

그러나 사람을 다루는 기술을 가진 직업인 의사는 그렇지 않다. 아무리 기술의 변화가 빠르다고 할지라도 사람에게 적용하려면 임상 기간을 충분히 거쳐야 하기 때문에 느리게 변한다. 그래서 의사라는 직업이 인기가 있는 것이다.

문과의 경우는 어떤가? 일신전속의 관점에서 보면 기업의 인사 담당자와 재무, 어문 계열이 이에 해당된다. 재무는 심지어 공부를 계속

하면 공인회계사 자격증을 취득할 수 있다. 인사 담당자는 기업 교육 전문가로서 활동이 가능하고, 어문 계열의 경우 교사나 어학 강사가 될 수 있다. 그러나 영업이나 기획은 그렇지 않다. 보통 영업은 정치외교학·사회학 등 사회과학 분야 전공자들의 직무인 경우가 많고, 기획은 주로 경영학과 출신자들이 맡는다. 그런데 최근 들어 기업이 세일즈를 할 때 문과 출신보다 기술에 대해 잘 설명할 수 있는 이공계 출신의 영업자를 찾으면서 이공계 출신의 취업률이 더 높아졌다.

그러다 보니 "이런 상황에서는 무조건 이과로 가야 하는 것이 아닌가?" 하는 이야기를 많이 하는데 그럴 필요가 없다. 10년 뒤 직업의 수요와 공급을 확실하게 예측하는 사람은 그리 많지 않기 때문이다. 무엇보다 중요한 것은 문과로 가게 되면 필요한 기술을 더불어 배울 필요가 있고, 이과로 가더라도 인문학적 소양을 배양해야 한다는 것이다. 즉 융합 사회로 빠르게 변모하면서 10년 뒤 우리 사회는 창의 융합 인재를 원하게 될 것이다. 따라서 문·이과 때문에 고민이 많다면 결정 기준 1순위는 절대적으로 전공 적성이어야 한다. 결국 인생을 행복하게 사는 비결은 자신이 좋아하고 잘할 수 있는 일을 직업으로 삼는 것임을 기억하자.

❖ 구직 시대에서 창직 시대로 바뀌고 있다

직업을 구하는 방식은 2가지가 있다. 하나는 취업을 하는 것이고, 다른 하나는 직업을 창조하는 것이다. 현재 1980~90년대에 대학을 다닌 학부모들은 대다수가 구직 시대를 살아 왔다. 이 시대에는 보통 좋은 대학을 나와 대기업에 입사하는 것을 성공으로 여겼다. 좋은 직장에 취업을 하는 것이 그 사람의 최고 능력이었다. 당시부터 지금까지 우리나라 산업 동력은 반도체, 철강, 조선 등 주로 제조 중심의 기술력과 노동 집약을 요하는 분야였다. 그리고 성장 전략은 추적 전략을 썼다. 즉 열심히 노력하여 미국이나 일본을 따라잡으면 우리도 머지않아 선진국 대열에 들어갈 수 있다는 마음이 있었던 것이다.

그러나 2000년대 이후 인터넷 기술의 발전은 플랫폼 중심의 서비스 산업을 견인하고 있다. 그러다 보니 과거에 제조업을 했던 사람이 부를 쌓은 기간이 27년 걸렸으나 IT 중심의 창의적인 서비스를 만든 네이버나 배달앱 서비스인 배달의 민족의 창업주들은 부를 일구는 데 불과 5~10년밖에 걸리지 않았다.

좀 더 시야를 넓혀 10년 후를 내다보자. 우리나라의 미래는 더욱더 IT 중심의 기술 서비스에 달려 있다고 해도 과언이 아니다. 2015년 미국의 경기가 살아나고 있는 것은 중국의 알리바마나 미국의 SNS 업체인 페이스북과 같은 서비스 회사가 성장하고 있기 때문이다. 다시 말해 기존의 제조 중심 회사가 아닌 기술 서비스 중심 회사가 더 많이 생겨날 것이다.

학부모들은 구직 시대를 살아 왔으나 아마도 자녀들은 서비스 중심의 직업이 창조되는 삶을 살아갈 것이다. 즉 우리의 자녀들은 새로운 직업을 창조하는 창직 세대가 될 것이다. 그래서 미국 듀크 대학교 케시 데이비스 교수는 모 언론과의 인터뷰에서 오늘날 학생들의 65%는 아직 생기지도 않은 직업을 가지게 될 것이라고 말했다. 영국 옥스퍼드 대학교 교수인 칼 프레이는 마찬가지로 현재 직업의 47%가 20년 내 사라질 가능성이 높다고 주장했다.

따라서 창직 세대인 자녀들을 올바로 양육을 하려면 새로운 개념의 창직에 대해 알려 주어야 하고, 다양한 관점을 가지고 미래의 사회 변화에 대해 깊은 대화를 나누어야 한다. 결국 미래 사회의 빠른 변화에 자녀들이 잘 적응하도록 돕기 위해서는 부모 자신과 자라나는 자녀가 같은 시대를 살아가지만 다른 세대라는 점을 알고 소통하는 것이 필요하다.

❖ 세계 경제 대국의 지도가 바뀌고 있다

이제 세계 경제 대국이라고 하면 바로 중국이 떠오를 정도이다. 매스컴을 통해 알려진 바와 같이 중국은 2014년에 서비스 분야를 제외한 모든 경제 분야에서 미국을 제치고 국내총생산량 1위를 달성했다. 2020년에는 미국을 제치고 경제대국으로 1위를 달성할 것이라는 전망이 나오고 있다.

일본은 1968년에 독일을 제치고 미국 다음으로 세계 2위 경제 대국으로 부상한 지 42년 만에 중국에게 2위 자리를 내주었다. 1990년대에 장기 경기침체에 빠진 일본이 중국에게 내준 2위 자리가 일시적인 것이 아니라 다시 뺏기 힘든 상황이 되어 버려 그 놀라움이 훨씬 크다. 국가 성장의 원동력이라고 할 수 있는 인구수와 고령화 인구수에서도 일본은 고령인구가 증가하고 생산가능인구인 젊은 인구층은 감소하는 추세이다. 이런 상황에서 중국은 경제 개방과 함께 넓은 땅과 세계 1위 인구수에 걸맞게 도시화가 빠르게 진행되고 있다.

물론 중국의 이런 고속 성장 뒤에는 개선되어야 할 어두운 면이 있다. 지난해 중국 1인당 국내총생산은 3,600달러로 일본의 3만 7,800달러에 훨씬 못 미쳤고, 심한 빈부 격차와 정치·사회적 불안 요인으로 생기는 도덕적 해이와 정치 부패가 문제시되고 있다. 이는 중국이 풀어야 할 숙제이다.

2015년 8월 24일로 우리나라와 중국이 서로 문호를 개방한 지 23년이 되었다. 23년 동안 중국과 우리나라의 경제 교류는 급성장했으며 우리나라에서 중국은 아주 큰 손님이 되었다. 이제 우리나라 경제는 중국을 빼놓고 얘기를 할 수 없게 됐다. 우리나라는 2014년 중국에 1,406억 달러를 수출했고 무역흑자는 534억이다. 2009년 우리나라의 대중 무역흑자가 234억 달러인 것을 감안한다면 2배를 넘는다. 우리나라의 대중 무역 의존도 역시 점진적으로 높아지고 있다. 2009년 우리나라의 대중 무역 의존도는 20.5%였으나 2014년은 25.4%였다. 이로써 중국은 미국을 제치고 우리나라의 최대 교역국으로 부상했다.

중국은 더 이상 우리가 23년 동안 알고 있던 중국이 아니다. 2조 8,400억 달러의 외환보유액과 13억 명의 인구를 기반한 초강대국 중국을 제대로 이해한다면 우리나라의 미래 직업 트렌드를 보는 눈도 달라질 것이다.

❖ 기업의 채용 시험이 바뀌고 있다

2014년 11월 5일 삼성그룹은 2015년 하반기 공채부터 채용 과정을 기존의 3단계에서 5단계로 개편하겠다고 발표했다. 그 이유를 창의적이고 우수한 인재를 확보하기 위해 기존의 획일적 채용 방식에서 벗어나 직무 적합도에 맞게 직군별로 다양하게 뽑기 위해서라고 설명했다. 'SSAT(삼성직무적성검사)-실무 면접-임원 면접' 3단계에서 '직무 적합성 평가-SSAT(삼성직무적성검사)-실무 면접-창의성 면접-임원 면접'의 5단계로 바꾸면서 직무 적합도를 우선해서 보겠다는 것이다.

직군별 직무 적합성 평가는 인문계의 경우 직무 에세이로 독해 · 논리 · 분석 및 문제 해결 능력을 지녔는지를, 이공계는 실제 프로그램 코드나 알고리즘 문제를 주어 해결 능력을 지녔는지를 본다. 직무 적합성 평가에서 탈락을 하면 SSAT를 치를 수 없게 된다. 관련 담당자는 직무 적합성 평가는 "직군별로 필요한 역량을 평가하여 출신 대학이나 어학 연수 경력 등 직무와 무관한 스펙은 반영하지 않는다."라고 했다. 또한 직무 에세이는 글 잘 쓰는 능력을 보는 것이 아니라 어떤 직무에 관심을 가지고 있는지 구체적으로 사례를 들어 적시해 주어야 한다고 부연했다. 예를 들어, 영업직의 경우에는 리더십, 팀워크, 사교성 등으로 적합성을 보는 것이다.

이러한 변화는 다른 기업의 인사 채용과 교육계에도 영향을 끼칠 것으로 예상된다. 과거에 중요하게 평가했던 SSAT는 학원을 다니며 벼락치기로 공부하면 어느 정도 점수를 받을 수 있었다. 삼성은 그 동안 그렇게 뽑은 인재들을 지켜보니 오히려 효과적이지 않다고 판단한 것이다. 직무에 적합하지 않은 인재가 취업을 목적으로 입사했다가 중도에 그만두고 퇴사하는 경우도 있었을 것이고, 업무 성과 역시 비효과적인 것을 보면서 서로에게 불이익이라는 것을 안 것이다.

직무 적합도 평가는 결국 지속적으로 자신이 정말 무엇을 좋아하고 또 무엇을 잘할 수 있는지 오랫동안 고민해 보고 도전해 본 사람이 유리하다. 결국 우리가 앞서 말한 자기 이해, 직업 탐색, 직무 탐색 등을 충분히 해 보지 않으면 어렵다는 뜻이다.

기업의 채용 방식이 바뀌는 이유는 아주 간단하다. 일본은 이미 우리보다 경제, 국방, 과학, 기술 등에서 앞서 갔다. 중국은 짝퉁이나 만드는 국가로 인식했으나 이미 경제 대국으로 위상을 떨치는 상황에서 우리 기업이 희망을 걸 수 있는 것은 바로 인적 자원이기 때문이다. 기업은 혁신의 주체가 되려 한다. 과거 역사를 살펴봐도 알겠지만 시대의 혁신과 변화는 정부나 관이 아닌 바로 거상들이었다. 살아남기 위해서는 변화에 민감해야 하기 때문이다. 이런 변화에 대응하려면 기업 내 인재를 잘 발굴해야 하는데 그것이 바로 채용이다.

채용 시험에 대한 이야기를 한 까닭은 삼성과 같은 대기업에 입사하기 위해서가 아니다. 시대가 원하는 인재상이 변하고 있다는 것을 삼성으로 예를 든 것이다. 아무리 취업난이 전쟁 같다고 하지만 자기 이해가 충분한 사람들은 자신만의 길을 만들어 가는 능력과 기술이 있기 때문에 걱정보다는 기회를 포착하고 자신의 인생 로드맵을 그릴 수 있다. 그리고 그 로드맵 위에 열정이라는 에너지를 쏟아 붓는 힘이 있다. 변화하는 시대에 자녀를 인재로 키우려면 자기 이해가 첫 단추라는 것을 잊지 말아야 한다.

❖ 다양한 직업 달성 경로를 구체적으로 체험하라
– 직업인 인터뷰와 잡 섀도잉

중학교 시절에는 직업을 확정 짓는 것보다 정체성을 바탕으로 꿈을 구체화하는 것이 필요하다. 자신의 꿈을 이루기 위해 어떤 직업들이 있는지 탐색해 보면서 직업의 다양성과 직업 달성 경로를 먼저 파악해 볼 것을 권한다. 그리고 난 다음에 자신이 정말 그 분야에 흥미를 갖고 있는지 탐색해 보는 것이 좋다. 흥미를 파악했다면 충분히 감당할 수 있는 능력이 있는지 알아보는 과정은 고등학교 시절에 하면 좋다.

먼저 아래의 필요한 항목을 정리한다.

1.나의 꿈		나는			이다.	
2.직업 환경 유형				3.설명 :		
4.목표 직업	5.추천학과	6.도달 경로	7.필요 역량	8.직업 가치관	9.우선순위	

1단계 : 관심 직업 탐색

우선 나의 꿈란에는 '나는 ~사람이다.' 형태로 표현해 보길 권한다. 직업 환경 유형은 앞서 보았듯이 자신에게 맞는 흥미 유형 코드(R/I/A/S/E/C)를 기입하면 된다. 설명은 흥미 유형 코드를 풀어 쓰면 된다. 흥미 유형과 성격 유형에서 각각 추천한 직업에서 교집합 직업을 3가지 선정해서 목표 직업란에 작성하면 된다.

목표 직업란을 작성했으면 관련된 학과를 탐색한 후에 3가지를 선정해서 쓴다. 그리고 도달 경로에는 학과 졸업 후 그 직업을 갖기까지 과정을 서술해 보면서 필요한 역량은 어떤 것이 있는지, 적합한 직업 가치관은 무엇인지 기입하여 우선순위를 작성하면 된다.

이처럼 필요한 항목을 작성하고 난 뒤에는 실제로 직업인을 인터뷰해 본다. 그리고 내가 정말 그려 나간 직업 달성 경로가 맞는지, 내가 중요하게 여기는 직업 가치관이 맞는지, 또 필요한 역량이 내게 있는지 확인하는 것이 효과적이다.

2단계 : 직업군 멘토 인터뷰하기

직업군 멘토를 만날 때는 사전에 질문 리스트를 작성하는 것이 중요하다. 사전 질문 리스트는 필요한 역량, 보수, 근무 환경, 보람 있는 일, 업무 내용, 필요한 자격 조건, 입사 시험 내용 등을 토대로 만들어야 한다.

직업 인터뷰 질문 리스트

1. 멘토에게 어떤 질문을 하면 구체적인 직업의 정보를 알 수 있을까?
2. 구체적으로 멘토를 통해 알고 싶은 것은 무엇인가?
3. 효과적인 인터뷰를 위해 질문 10가지를 만든다.

다음은 중학교 2학년 용희가 직업인 인터뷰를 위해 만든 질문 리스트이다. 용희는 카피라이터, 영화감독, 작곡가, 작가 등 4가지 직업 중에 무엇을 고를 것인가를 고민하고 있었다.

카피라이터

1. 어떤 과를 가야 하나?

2. 카피라이터 연봉은 어떻게 되나?

3. 유명한 카피라이터는 누구누구 있나?

4. 유명한 광고 문구는 어떤 게 있나?

5. 광고 시장의 전망은 어떤가?

6. 카피라이터가 되기 위한 단계는 어떻게 되는가?

영화감독

1. 영화감독이 되기 위해서 할 일은?

2. 만약 관심이 있다면 동아리는 어떤 곳에 들어가야 하나?

3. 영화감독이 되려면 학원을 꼭 다녀야 하나?

4. 영화감독이 되는 데 좋은 추천도서가 있나?

5. 영화감독의 수입은 어떻게 되는가?

6. 영화감독이 되기 위한 단계는 어떻게 되는가?

작곡가

1. 공부를 잘해야 하나?

2. 가스펠 음악의 달성 경로는 어떻게 되는가?

3. 성적이 낮으면 작곡가가 되지 못할 수도 있나?

4. 작곡가가 되기 위한 3단계는 어떻게 되는가?

5. 대학교를 꼭 나와야 하는가?

작가

1. 작가가 되려면 특별한 학력이 필요한가?

2. 어떤 학과를 나오는 게 좋은가?

3. 작가가 되려면 어떠한 노력을 해야 하는가?

4. 내 나이 때는 어떤 준비를 해야 하는가?

5. 방송 3사 작가가 되는 방법 3가지는 무엇인가?

이렇게 다양한 직업군 멘토를 만나고 난 뒤에는 인터뷰 소감문을 작성해야 한다. 다음은 용희가 영화감독을 만나고 난 뒤 느낀 소감문이다.

2013년 10월 18일

나는 영화감독님을 작업실에서 만났다 그분을 만나기 위해 미리 질문 리스트를 준비한 것이 큰 도움이 되었다. 연출가란 무슨 일을 하며 동아리는 무엇이 있으며, 무슨 학원이 있으며, 추천하는 책과 대표적인 영화감독으로는 어떤 분들이 있는지, 시나리오도 연출가가 만드는지 등 여러 가지 질문을 했고 답변을 들었다.

가장 인상 깊었던 답변은 "영화감독이 되기 위해서 할 일은?"이라는 질문이었는데 "연출 능력을 키우기 위해서는 다양하게 생각하고 표현할 수 있어야 한다."는 것이었다. "어떻게 다양하게 생각하고 표현하는가?" 하고 여쭈었더니, "학교에서 하는 공부가 다양하게 생각하고 표현하도록 돕지 않니?"라고 되물어 주신 것은 심쿵이었다. 그러면서 그분은 무슨 일이든 쉬운 일은 없다면서 그것을 참고 견디는 끈기가 있어야지만 무슨 일이든 할 수 있다고 했다.

결국 용희는 영화감독이 되기 위해 예술고등학교에 입학하여 열심히 실기와 공부에 매진하고 있다.

3단계 : 잡 섀도잉

잡 섀도잉은 직업 현장에서 직업군 멘토의 그림자가 되어 하루 동안 직무를 경험해 보는 것을 말한다. 중·고등학교에서는 위탁업체를 컨택하여 직업 체험으로 잡 섀도잉을 대신한다. 잡 섀도잉은 직업군 멘토 인터뷰를 하고 난 뒤에 하는 것이 좋다. 잡 섀도잉을 하면서 직업군 멘토에게 들었던 내용과 적성의 상관관계를 따져보기 좋기 때문이다. 나의 가치관에 맞는 직업인지 혹은 필요한 역량이 부족한지 아닌지 탐색해 본다면 자신에게 맞는 직업을 찾는 것이 보다 수월할 것이다.

직업 정보 사이트

기관	사이트 주소	특징
커리어넷	www.careernet.re.kr	직업 정보, 학과 정보 학교 정보 학교홈페이지로 링크됨 진로 상담-사이버 상담
워크넷	www.work.go.kr	직업 검색, 이색 직업 학과 검색
학교알리미	www.schoolinfo.go.kr	전국 초 · 중 · 고, 특수학교의 최근 교육소식 학교별 특색 교육 과정
대학알리미	www.academyinfo.go.kr	학교 종류, 유형, 학과 정보 입학 전형, 취업률
직업 정보 시스템	Know.work.go.kr	직업 정보, 학과 정보 학교 정보 학교홈페이지로 링크됨 진로 상담-사이버 상담
진학	www.jinhak.or.kr	직업 정보, 학과 정보 학교 정보 학교홈페이지로 링크됨 진로 상담-사이버 상담

4

진학 세계의 변화와 평생 학습 시대
- 교육 세계의 이해

❖ 고등학교와 대학교의 종류를 미리 알아본다

평촌에서 사는 중학교 1학년 혜진이는 만화 그리기를 매우 좋아했다. 부모님은 혜진이가 공부도 잘하기 때문에 특목고나 자사고에 진학하기를 바랐다. 그런데 혜진이를 코칭해 보니 특성화고 중 애니메이션고등학교에 입학하면 좋겠다는 생각이 들어 혜진이와 가족들에게 조언했다. 그 학교를 진학할 경우 대학 진학이 자사고에서 진학하는 것보다 훨씬 수월할 것이라고 알려 주고, 심지어 해외 대학 진학에도 유리하다고 말해 주었다.

그러자 부모님은 그런 학교가 있는지 몰랐다며 혜진이의 의견을 존중하고 혜진이의 미래를 위해 결정하고 싶다고 했다. 그리고 중간고사가 끝난 당일 어머니가 혜진이와 학교 탐방을 했고, 입학 조건과 대학 진학률 등을 꼼꼼하게 비교해 보고는 마음을 굳혔다. 다행히 부모님이 미래 직업 세계 트렌드를 잘 알고 있는 터라 애니메이션이 혜진이의 미래를 위해 더 좋겠다고 판단한 것이다.

자녀가 중학교 1학년이라면 반드시 고등학교의 종류와 유형을 미리 알려 주어야 한다. 특히 혜진이처럼 학업 역량과 실기 기술이 좋은 학생들은 더욱 더 그렇다. 상급 학교의 종류를 알고 특징을 미리 안다면 자신의 흥미 적성을 깊이 생각해 보는 계기를 마련할 수 있고 진학 달성 로드맵을 비교적 쉽게 그릴 수 있기 때문이다.

먼저 고등학교의 종류는 다음과 같다. 일반고등학교는 보통 중학교 교육 기초 위에 고등 교육을 실시하는 곳을 말한다. 특수목적고등학교는 흔히 특목고라고 말하는데 여기엔 과학고등학교, 외국어고등학교, 국제고등학교, 예술고등학교, 체육고등학교, 마이스터 고등학교가 있다. 과학고등학교는 과학 인재 양성을 목표로 과학 분야에 특화된 중점 교육을 실시하고, 외국어고등학교는 외국어에 능숙한 인재 양성을 위해 외국어에 특화된 교육을 실시하고, 국제고등학교는 국제 관계에 전문성을 갖춘 인재 양성을 목표로 한다. 예술고등학교는 음악·미술·무용·연기 등 예술 인재 양성을 목표로 하고, 체육고등학교는 체육 인재 양성을 목표로 한다. 마이스터 고등학교는 산업계와 연계된 유망 분야의 기술 전문가 양성을 목표로 특정 산업과 연계된 교육을 실시한다.

특성화고등학교는 특정 분야의 인재 및 전문 직업인 양성을 목표로 직업과 특성화된 교육을 실시한다. 농생명과학고등학교, 조리과학고등학교, 수산고등학교, 실업고등학교, 관광고등학교 등이 이에 속한다. 분당의 이우고등학교는 특성화대안학교에 속한다.

자율고등학교는 자율형사립고등학교와 자율형공립고등학교로 나누어진다. 자율형사립학교의 경우 사립학교의 건학 이념에 따라 교육과정, 학사 운영 등을 자율적으로 운영하고 학교별로 다양하고 개성 있는 교육을 실시한다. 자율형공립고등학교의 경우 입시 위주의 교육에서 벗어나 다양한 방법의 전인교육을 실시하여 좀더 진보된 형태의 공교육을 실시한다.

기타로는 과학영재학교가 있는데 여기는 영재교육진흥법에 따라 기존 과학고에서 전환된 수학·과학 중심 학교이다.

자녀에게 맞는 학교를 찾고 싶으면 무엇보다 자녀와 고등학교의 설립 동기가 맞는지 살펴보고 전략을 세울 필요가 있다. 따라서 사농공상 논리에 따라서만 고등학교를 생각하지 말고 자녀의 전공 적성에 맞춰 고등학교 입시 전략을 중학교 1학년 때부터 세우는 것이 좋다.

❖ 대학을 방문하면 반드시 두 곳을 거쳐라

최근 중학교에서 대학 탐방 활동의 일환으로 하루 대학생 되기 프로그램을 진행하는 곳이 늘어나고 있다. 대학을 방문하면 으레 학교 도서관을 가 보거나 기념품점에 들러서 학교 배지를 사는 경우가 많은데 이는 본래 대학 탐방 활동의 취지와 다르다. 대학 탐방 활동의 근본 취지는 대학 관계자를 만나 정보를 얻는 것이다.

대학 입학처 방문

대학 입학처를 방문하기 위해서는 사전에 홈페이지를 통해 입학에 필요한 정보를 입수해야 한다. 정보를 입수하려면 현재 자신이 알고 싶은 것이 무엇인지 분명하게 알아야 하는데 이것이 쉽지 않다. 따라서 다음과 같은 코칭 질문들이 필요하다.

① 현재 진행되고 있는 입학 전형에 대해 알고 있는 것은 무엇인가?

② 내가 입학하고 싶은 학과의 경우 고등학교 때 몇 등 정도 해야 들어갈 수 있는가?

③ 내가 입학하고 싶은 학과의 경쟁률은 어떻게 되나?

④ 포트폴리오의 합격 판단 기준은 무엇인가?

⑤ 예체능의 경우 실기가 있는지 없는지 어떻게 알 수 있는가?

이렇게 입학처를 방문하기 전에 부모는 자녀와 함께 위의 질문을 바탕으로 자료를 찾아야 한다. 읽고 이해가 안 되는 것은 질문으로 남겨 두고 방문해서 물어보면 된다.

전공학과 사무실 방문

전공학과 사무실을 방문하는 것은 매우 중요하다. 실제로 홈페이지에 서술된 정보와 방문해서 얻는 정보가 다를 수 있기 때문이다. 학과 홈페이지를 참고하여 졸업 후 진로, 교육 과정이 무엇인지 사전에 읽어 보고 이해해야 한다. 이해되지 않는 항목은 만나서 질문을 하면 좋다. 다음은 아이가 궁금한 부분을 찾는 데 도움이 될 만한 코칭 질문들이다.

① 관심 있는 직업군은 무엇이고 관련 학과는 몇 가지가 있는가?

② 관심 있는 학과의 경우 졸업 후 진로는 구체적으로 어떻게 되는
　가?
③ 교과목은 어떤 것들이 있고 어떻게 수업을 하는가?

소감문 쓰기

학과 탐방을 하고 난 뒤에는 반드시 소감문을 써야 한다. 다음은 참
가했던 중학교 3학년 학생의 소감문이다.

두 번째로 간 학교는 내가 가고 싶어 하는 숭실대학교였다. 숭실대학교는
내가 가장 원하는 대학교이다. 캠퍼스 건물도 멋있고 운동장도 잔디이고 무엇
보다 집에서 통학이 가능한 학교이다. 평생교육학과에 직접 가서 여러 가지를
물어보고 과에 대한 정보를 얻었다. 인사관리자에게서 정보를 얻었을 때 '이것
이 나한테 맞는 길이다.'라고 생각했을 때와 똑같이, 학과 또한 대부분이 발표
수업이고 나의 취미 생활과 딱 맞는 과라는 생각이 들었다.

다음은 참가했던 중학교 2학년 남학생의 소감문이다.

물리학과 교수님께서는 더 정확한 답변을 해 주셨다. 왜 물리학을 가르치시
는지, 무엇을 배우는지, 물리학과의 장점은 무엇인지, 학업 수준은 어느 정도
되어야 하는지 등을 알려 주셨다. 답변을 듣는 내내 연세대 물리학과를 가는
사람들은 천재이거나 머리 쓰는 법이 남들과 다르거나 온종일 공부만 하는 사
람들이 아닐까 하는 생각이 들었다. 물리학이라는 교과는 실제로 건축을 하거
나 부품을 만드는 등 여러 가지 면에서 매우 중요한 학문이지만 일반인들은 직

접적으로 접하기 어려워 생소하기 때문이다. 만약 내가 물리를 잘하는 학생이라면 물리학을 지망하는 것도 괜찮겠다는 생각이 들었다.

위의 소감문을 보면 학생들이 경험을 통해 느끼고 깨닫는 것이 많다는 것을 알 수 있다. 사람은 만남을 통해 생각이 바뀐다. 그러므로 학생들에게 학창 시절에 자기보다 앞서 간 선배들을 더 많이 만나고 경험할 수 있는 기회를 만들어 주는 것이 필요하다.

❖ 전공 적합도 결정을 위해 다양한 체험활동을 하라

고등학교에 진학하면 대학 진학의 방향성을 정하고 자신에게 알맞은 입시 전형을 선택해서 준비를 하는 것이 효과적이다. 그렇다면 중학교 시절에 준비해야 하는 것은 무엇일까? 무엇보다 진로 진학을 탐색하기에 좋은 방법 중 하나는 정치, 과학, 서비스, 의료, 경제, 예체능 등 적성과 관련된 책을 많이 읽는 것이다. 특히 자신의 관심 분야와 관련된 책은 모두 읽어 볼 것을 권한다. 책뿐만 아니라 관심 전공과 관련된 다양한 행사에 참여해 보는 것도 자신을 이해하고 진학 세계를 이해하는 데 도움이 된다. 따라서 부모들에게 다음 3가지를 자녀와 함께 실천해 보고 정리해 볼 것을 권한다.

관심 전공 관련 책을 읽은 후 한 페이지로 요약하기

점진적으로 대학의 수시 비율이 늘어나게 되면서 비교과 영역이 중요해졌다. 무엇보다 자신의 관심 전공과 관련된 책을 꾸준히 읽고 요약 정리를 하는 것이 중요하다. 최근에는 이를 대비하기 위해 한 페이지로 요약하는 학생들이 늘어나고 있다. 읽은 내용을 한 페이지로 요약할 수 있다는 것은 패턴을 읽고 핵심을 파악할 수 있다는 것이다. 이들은 면접 시 주어진 짧은 시간 안에 중요한 것을 분명하게 말할 수 있다.

전공 도서 독서 후 한 페이지로 요약하기

날 짜	20 년 월 일
직업 정보	
관련 책 제목 (저자, 연도, 출판사)	
최종 선정한 책이름	
선택한 이유	
오늘 읽은 쪽수	
새롭게 알게 된 내용	
기억하고 싶은 문장	
소감	

관심 전공 분야의 청소년 행사에 참가하기

관심 있는 대학이 있다면 꾸준하게 공지사항을 참고하여 전공 관련 캠프가 있는지 확인한다. 주요 대학에서는 보통 중·고등학생을 위한 심리학, 경제, 모의정치 캠프를 개최한다. 여름방학 때는 중·고등학생들을 위해 학과박람회도 개최하니 자녀와 함께 참가해 보면 도움이 된다.

학교와 연관된 공공기관 캠프에 참가하기

장기적인 관점에서 살펴보면 학교에서 하는 진로 교육의 질은 점진적으로 좋아질 것이다. 우리나라만큼 진로 교육을 위해 학교뿐만 아니라 시청이나 구청 등에서 예산을 사용하는 나라는 그리 많지 않다. 시청이나 구청, 전국학부모지원센터에 연락을 해서 자녀와 함께 참가할 수 있는 캠프가 있는지 확인하고 가능하다면 캠프에 참여하도록 한다. 남양주시청에서는 공부법, 진로 캠프 등을 지역 내 중·고등학생들을 위해 무료로 실시하고 있다.

❖ 다양한 진학 달성 경로 정보를 알고 경험하기
– 학과 멘토 인터뷰와 스쿨 섀도잉

자기 이해 활동을 하고 직업 세계와 교육 세계를 충분히 탐색했다면 진학 달성 경로를 분명하게 머릿속으로 그릴 수 있어야 한다. 예를 들어 의사가 되기를 원한다면 의예과에 진학하는 방법 외에 학부 진학 후 의학전문대학원에 진학하는 방법도 있다는 것을 알고 있어야 한다. 그래야 확실한 동기 부여가 된다. 정확한 루트를 이해한다는 것은 자기 미래에 대한 확신이 있다는 것이고 학습 동기도 지니고 있다는 것을 의미한다. 따라서 자녀의 목표 직업이 간추려졌다면 부모는 관련학과에는 무슨 학과가 있는지 알아보고 다양한 달성 경로를 조사하는 것이 좋다. 그런 다음 관심 학과를 전공한 직업인을 멘토로 삼고 인터뷰할 때 자신이 조사한 달성 경로가 타당한지 질문해야 한다.

1단계 : 목표 직업 및 학과 선택

직업인 인터뷰가 끝난 뒤에는 마지막 최종 목표 직업 한 가지를 선택하고 달성 경로와 선택한 이유를 다음과 같이 작성해 보면 좋다.

목표 직업	달성 경로	추천학과	선택 이유

2단계 : 목표 고등학교 및 비교과 활동 선택

달성 경로가 선명해졌으면 중학생은 반드시 다음 표를 중심으로 계열 선택, 고등학교 유형 선택, 비교과 활동, 선택 이유 등에 대해 정리해 두는 것이 좋다. 이 표를 정리해 두면 진학 고민을 덜 하게 된다. 뿐만 아니라 목표가 분명하기 때문에 고등학교 생활도 빠르게 적응할 수 있다.

목표 고등학교 및 비교과 활동 선택

계열 선택	고등학교 유형 선택	비교과 활동	선택 이유
문과	① 일반고 ② 자사고 ③ 특목고 ④ 특성화고 ⑤ 자율고 ⑥ 기타	클럽 활동	
이과			
독서 활동			
예체능			

위의 2단계 활동을 통해 자녀의 관심 전공을 바탕으로 진학 달성 로드맵을 다음과 같이 만들어 볼 것을 권한다. 다음은 의사라는 직업을 목표로 삼았을 경우의 진학 달성 로드맵이다.

진학 달성 로드맵의 예

의예과 학부로 진학할 경우

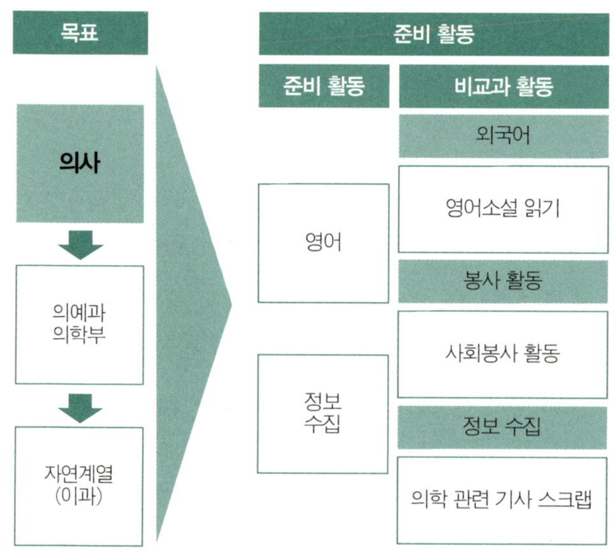

의학전문대학원에 진학할 경우

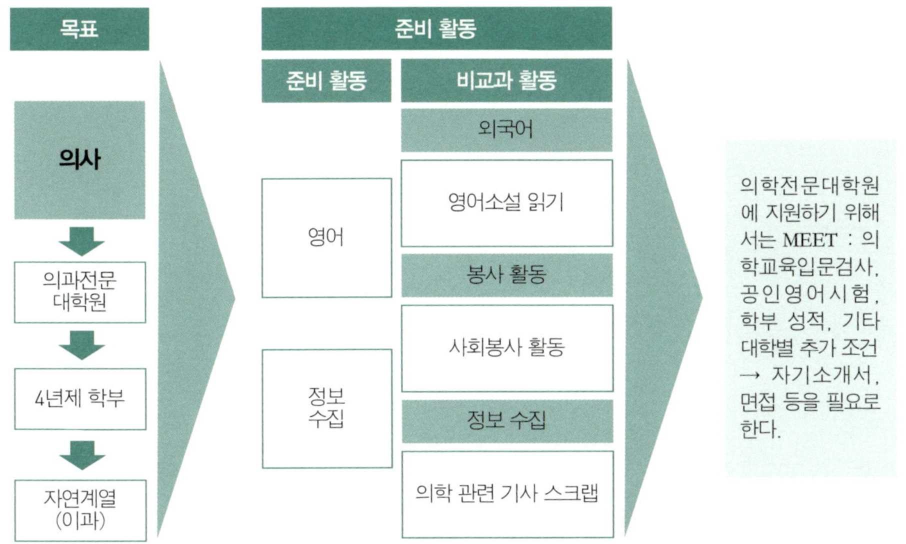

이와 같이 자녀가 원하는 직업, 전공, 비교과 활동을 정리하면서 로드맵을 그려 보자. 그밖에 필요한 것들이 무엇이 있는지도 섬세하게 살펴보자.

5

진로 의사 결정 유형을 파악하고
코칭하기 – 진로 의사 결정

❖ 진로 의사 결정의 3가지 유형

진로 의사 결정은 매우 중요하다. 기술의 급진적인 변화와 인구 절벽 시대를 맞이하면서 직업의 수요와 공급을 예측하기 어려운 경우도 발생할 수 있기 때문이다. 그래서 필자는 특강을 할 때 자녀 진로 지도에서 가장 중요한 것은 부모가 자녀에게 좋은 직업을 골라 주는 것이 아니라 스스로 변화무쌍한 환경 속에서 유연하면서도 합리적인 의사 결정을 할 수 있도록 도와줄 것을 당부한다. 그렇다면 부모가 알아야 할 것은 무엇이 있을까? 바로 진로 의사 결정의 3가지 유형과 그 장단점이다.

첫째, 합리적인 의사 결정이다. 신중하고 합리적이기 때문에 스스로 결정에 책임을 질 수 있다. 또 실패할 확률이 낮고 자신의 삶을 적극적으로 살아갈 수 있다. 그러나 의사 결정에 많은 시간이 들고 지나치게 생각하다가 실천할 타이밍을 놓치기도 한다. 간혹 급한 상황을 해결하기 어려울 때도 있다.

둘째, 직관적인 의사 결정이다. 빠르게 의사를 결정할 수 있는 점과 유연하고 융통성 있게 일 처리를 한다는 장점이 있으나 정보가 충분하지 않아 잘못 결정하는 경우가 많고 일관성을 요구하는 일에는 적당하지 않다.

셋째, 의존적인 의사 결정이다. 사소한 결정을 할 때 매우 유용하다. 그러나 결정한 것이 실패로 끝날 경우에는 남 탓을 하기 쉬울 뿐만 아니라 결정을 할 때 불안을 느끼기도 한다.

위의 3가지 유형은 모든 사람이 지니고 있지만 적재적소에 사용하지 못할 뿐이다. 진로를 결정하는 데는 합리적인 의사 결정이 필요하다. 하지만 긴급한 일이 닥쳤을 경우에는 꼼꼼하게 따져 볼 시간이 없다. 그런 상황에서는 직관적인 의사 결정이 요구된다. 그러나 밥을 어디서, 무엇을 먹을 것인지 등과 같은 상황에서는 의존적인 의사 결정이 편할 수 있다.

안타까운 것은 많은 학생이 실수하는 잘못된 의사 결정은 평소에는 진로에 대해 고민하지 않다가 원서 쓸 때가 되어서야 부모는 직관적으로 의사 결정을 하고 자녀는 의존적인 의사 결정을 한다는 것이다. 그러다 보니 자녀는 졸업 후 부모를 원망하고 부모는 일관성 있게 진로 지도를 할 수 없었다는 죄책감을 갖게 되는 것이다. 그러므로 평소에 많은 정보를 바탕으로 자녀의 재능과 세상의 필요가 만나는 지점을 대화로 끊임없이 찾아가는 과정을 게을리하지 말아야 한다.

"수연아, 15년 뒤에 어떤 직업을 갖고 싶니?"

"저는 수의사가 되기로 결정했어요."

"그래? 그럼? 달성 경로는 어떻게 되니?"

"우선 의예과에 진학하려고요."

"그렇구나. 그러면 오늘부터 해야 할 것은 무엇이 있지?"

"네? 그건 아직….”

수연이는 수의사라는 직업을 결정했으나 이후 구체적으로 무엇을 해야 하는지는 아직 모르는 상태였다. 혹시 자녀의 상태를 알고 싶다면 위의 질문에 맞춰 이야기를 해 보면 된다.

진로를 결정한 학생들은 3가지 유형으로 나뉜다. 자신의 선택에 대한 확신을 갖고자 하는 경우, 실제 결정한 것으로 보이나 그 결정이 자신의 결정이 아니거나 충동적인 경우, 진로 결정 후에 그것을 이루기 위해 무엇을 해야 할지 모르는 경우이다. 이를 유형화하면 다음과 같은 형태로 나타난다.

첫째, 자신의 선택이 잘된 것인지 명료화하기를 원하는 경우이다. 이런 학생들이 주로 하는 말은 "제가 선택한 것이 올바른 방향인지 모르겠어요."이다. 이들은 보다 객관적인 자료를 바탕으로 자신의 직업 가치관을 확인해 봄으로써 자신의 선택을 분명히 하기를 원한다. 따라서 이들에게 필요한 것은 표준화된 심리 검사 도구를 100% 활용하고, 가치관을 명료화하는 것이 좋다.

둘째, 결정한 것으로 보이나 실제는 우유부단한 경우이다. 이 학생들이 평소 내뱉는 말은 "결정은 했지만 불안하고 걱정돼요."이다. 이런 경우에는 불안의 원인이 무엇인지 살펴보아야 하고 외적 조건이나 개인 갈등 해결 방안에 초점을 맞추어야 한다. 또한 자신에 대한 이해를 다시 한 번 살펴보고 객관적인 이해도를 높이는 것이 중요하다. 또한 선택한 직업에 대한 정보를 점검하여 잘못 알고 있거나 미처 알지 못하는 점이 무엇인지 파악하고 수정할 것이 있으면 수정해야 한다. 마지막으로 진로 선택은 다양한 측면을 고려해야 하는 복잡한 문제라는 것을 일러 주고 직업 선택을 할 때 다양한 대안을 여러 개 생각할 수 있도록 돕는 것이 좋다.

셋째, 자신이 선택한 진로를 준비하기 위해 도움이 필요한 경우이다. 이런 학생들은 "이제 무엇을 해야 할지 잘 모르겠어요."라는 말을 한다. 이들은 직업 달성 경로를 위해 충분한 정보를 수집하는 것이 필요하며 스스로 직업 정보를 찾는 능력을 키워 주는 것이 필요하다.

❖ 진로를 결정하지 않은 학생

"영태야, 15년 뒤에 어떤 직업을 갖고 싶니?"

"아직 잘 모르겠어요."

"그래? 결정을 하지 못하는 이유가 특별히 있니?"

"뭘 해야 할지 잘 모르겠어요."

이쯤 되면 부모도 "어떻게 도와줘야 할까?" 하며 함께 고민하게 된다. 위의 대화 패턴이라면 아이가 아직 진로를 결정하지 못했다는 걸

부모가 단번에 알아차려야 한다.

진로를 아직 결정하지 않은 학생들은 3가지 유형으로 나뉜다. 진로 문제에 대한 동기가 부족한 경우, 직업 정보 지식이 부족한 경우, 다양한 능력으로 많은 기회를 갖게 되어 혼란스러운 경우이다. 이들을 코칭할 때에는 자기 이해 증진, 직업 정보 활용 능력 향상, 의사 결정 능력 증진, 내적 갈등 요인 분석, 외적 갈등 요인 분석, 진로 동기 부여, 일에 대한 올바른 가치관 형성을 염두에 두고 코칭을 해야 한다.

첫째, 자기 이해, 직업 정보, 의사 결정을 위한 지식이 부족한 경우이다. 이런 학생들은 주로 "내가 무엇을 좋아하고 잘하는지 알 수 없다."라고 말한다. 이들은 성격, 흥미, 강점, 가치관을 중심으로 자기 이해를 높이는 것을 우선순위에 둔다. 그리고 의사 결정 유형을 확인하여 의사 결정 능력을 증진시켜 주어야 한다.

둘째, 다양한 능력으로 많은 기회를 갖게 되어 혼란스러운 경우이다. 이들은 평소에 "이것도 하고 싶고, 저것도 하고 싶어요."라는 말을 한다. 이들은 우선적으로 표준화된 심리 검사지를 바탕으로 자기 이해가 충분히 되었는지 점검해 볼 필요가 있다. 또한 한두 개 분야만을 선택하면 자신이 관심을 가지는 다른 분야를 하지 못할 수도 있다는 좌절감이 있기 때문에 좌절감에 대해서도 다뤄 주어야 한다. 이 좌절감은 주변 사람들이 학생에게 가지고 있는 기대감이나 인정과 관련된 것일 수도 있다. 따라서 이들에게는 스스로 진로에 대한 탐색과 결정을 내릴 수 있도록 독립의지를 키워 주는 활동이 필요하다.

셋째, 결정된 것처럼 보이나, 실제로 우유부단한 경우이다. 이들이 주로 하는 말은 "아무런 계획이 없어요. 그래서 더 힘들어요."이다. 이들에게는 진로 성숙도를 높일 수 있는 활동이 필요하다. 진로 성숙도란 자기 이해를 바탕으로 진로 정체감, 의사 결정을 위한 가족 간의 일치, 진로 준비를 위한 직업 정보 활용 능력, 다른 사람의 의견을 잘 받아들이는 합리적인 사고가 어느 정도 발달되었는지 알아보는 종합적인 개념이다.

진로 정체감은 자신의 가치관을 명료화시키는 활동을, 의사 결정을 위한 가족 간의 일치는 문장 완성 검사를 바탕으로 서로에 대한 이해 증진을, 직업 정보 활용 능력을 증진시키기 위해서는 직업 정보 사이트 활용과 직업인 인터뷰 활동을, 합리적인 사고를 위해서는 진로 장애물이 무엇인지 토론식 대화법으로 진로 성숙도를 높여 주어야 한다.

❖ 우유부단하게 반복적으로 행동하는 학생

"상호야, 15년 뒤 어떤 직업을 갖고 싶니?"

"모르겠어요."

"모르겠다고 하는 게 구체적으로 무엇을 의미하지?"

"(짜증을 내며) 아, 몰라요. 할 수 있는 것도 없고⋯."

"이미 직업군 멘토까지 모두 만나 봤잖니?"

"잘 모르겠어요."

대화할 때 자녀가 자기 자신을 부정적으로 생각하고 결정을 계속 미루고 있다면 우유부단형이다. 우유부단하게 반복적으로 행동하는 학생들은 크게 충분한 정보를 가졌음에도 불구하고 우유부단하게 결정을 미루는 유형과 계획 없이 회피하는 경우로 나눌 수 있다.

첫째, 직업 정보를 가진 우유부단형의 경우이다. 이들은 진로 계획에 대해서 충분한 정보를 가지고 있으나 자신을 부정적으로 지각하기 때문에 진로 의사 결정을 하지 못한다. 이들은 주로 "제가 과연 무엇을 잘할 수 있을지 모르겠어요."와 같은 말을 하는데 이들의 내면을 살펴보면 자신에 대한 부정적인 인식이 있다. 부정적인 견해가 지배적일 경우에는 극심한 우울이나 불안으로 진로 코칭이 어렵다. 단기적인 코칭보다는 장기적인 입장에서 상담을 할 필요가 있다. 코치는 발달 과정상 일시적인 미결정 상황인지 아니면 만성적인 미결정 상황인지 구별하여 코칭을 할 것인지 상담을 할 것인지 구분할 필요가 있다.

둘째, 계획 없는 회피형의 경우이다. 이들은 "우울하다."라는 표현을 자주 사용한다. 이들은 스스로 자신의 문제 해결 능력을 다소 부정적으로 평가하고, 진로 문제 해결에 큰 어려움을 나타낸다. 스스로 직업 정보를 찾는 것도 힘들어하는데 이들의 경우는 무엇보다 코치와의 관계를 잘 형성하는 것이 중요하다. 우울의 정도가 심한 경우에는 코칭보다 치료가 먼저라는 것을 염두에 두어야 한다.

이들은 어릴 적부터 성취 동기를 심어 주어야 한다. 본인 스스로 의지를 발현해 선택했던 것은 그 결과가 안 좋았다고 할지라도 부모가 열렬히 인정해 주고, "노력하니까 되네? 난 네가 잘할 줄 알았어." 등과 같이 칭찬하고 용기를 주는 말을 많이 해 주어야 한다. 그래야 어른으로 성장할 때 겪는 고통을 이겨 내는 긍정적인 마음의 여유를 가질 수 있다.

❖ 진로 의사 결정 카드 사용법과 코칭 질문

진로 의사 결정 카드는 그 동안 진로 교육 및 코칭을 통해 얻은 학생들의 결과물을 정리하는 것이다. 본인이 희망하는 직업과 부모가 원하는 직업들을 정리하고, 학업 성적도 정리하고 관리한다. 진로 의사 결정 카드는 진학 선택을 하는 데 도움이 되므로 자녀가 중학교에 입학할 때부터 관리하는 것이 좋다. 그래야 자녀도 목표를 향해 나아가고 있다고 믿기 때문이다.

각각의 항목들을 자녀와 함께 작성할 때 반드시 알아 두어야 할 코칭 질문들이 있다.

첫째, 확인 질문을 사용한다. 확인 질문이란 "어떻게 생각하니?", "여기선 이렇게 나왔는데 맞니?" 등과 같은 질문으로 기존의 활동 자료가 본인에게 유의미한 것인지, 얼마나 지각하고 있는지 확인하는 코칭 대화법의 일종이다. 자녀는 대답을 하면서 목표 의식을 보다 확고히 할 수 있을 뿐만 아니라 궁극적으로 자신의 진로 로드맵을 작성하는 데 크게 영향을 받는다.

둘째, 가정법을 활용하여 질문한다. "만약 네가 만점을 받는다면 어떤 직업을 갖고 싶니?" 등과 같은 질문은 장애물을 제거한 상태에서 정말 원하는 것이 무엇인지 묻는 질문이다. 본 카드는 결국 중요한 것과 중요하지 않은 것을 가려내는 체와 같은 기능을 한다.

셋째, 습관을 바꾸기 위해 질문한다. "오늘부터 바꿔야 할 습관은 무엇이 있니?"와 같은 질문은 진로 결정 이후 자신이 해야 할 역할을 충분히 지각시킨다. 보통 현실 감각이 없는 학생들은 의사가 되고 싶

진로 의사 결정 카드

<table>
<tr><td rowspan="2"></td><td rowspan="2"></td><td>성별</td><td>남 • 여</td><td>생년
월일</td><td></td><td>성명</td><td></td></tr>
<tr><td colspan="2">구분</td><td colspan="2">1학년　반　번</td><td colspan="2">2학년　반　번</td><td colspan="2">3학년　반　번</td></tr>
<tr><td colspan="2" rowspan="2">학업 성적</td><td>평균</td><td>학년석차</td><td>평균</td><td>학년석차</td><td>평균</td><td>학년석차</td></tr>
<tr><td></td><td></td><td></td><td></td><td></td><td></td></tr>
<tr><td rowspan="2">희망
직업</td><td>본인</td><td></td><td></td><td></td><td></td><td></td><td></td></tr>
<tr><td>학부모</td><td></td><td></td><td></td><td></td><td></td><td></td></tr>
<tr><td>구분</td><td></td><td colspan="2">유형</td><td colspan="2">관련 직업</td><td colspan="2">특기사항</td></tr>
<tr><td rowspan="5">자
기
이
해</td><td>성격</td><td colspan="2"></td><td colspan="2"></td><td colspan="2" rowspan="4"></td></tr>
<tr><td>흥미</td><td colspan="2"></td><td colspan="2"></td></tr>
<tr><td>강점</td><td colspan="2"></td><td colspan="2"></td></tr>
<tr><td>직업 가치관</td><td colspan="2"></td><td colspan="2"></td></tr>
<tr><td>신체 조건</td><td colspan="2">(신체적 장애)</td><td colspan="2">(피할 직업)</td><td colspan="2"></td></tr>
<tr><td rowspan="6">직
업
탐
색</td><td>항목</td><td colspan="2">내용</td><td colspan="2">관련 직업</td><td colspan="2">특기사항</td></tr>
<tr><td>좋아하는
일</td><td></td><td></td><td colspan="2"></td><td colspan="2"></td></tr>
<tr><td>좋아하는
직업 상황</td><td></td><td></td><td colspan="2"></td><td colspan="2"></td></tr>
<tr><td>좋아하는
작업 활동</td><td></td><td></td><td colspan="2"></td><td colspan="2"></td></tr>
<tr><td>좋아하는
직업</td><td></td><td></td><td colspan="2"></td><td colspan="2"></td></tr>
<tr><td>미래
희망 직업</td><td></td><td></td><td colspan="2"></td><td colspan="2"></td></tr>
<tr><td rowspan="6">진
학
선
택</td><td rowspan="2">구분</td><td rowspan="2">일반고</td><td colspan="2">특성화고</td><td colspan="2">특목고</td><td colspan="2">자사고</td></tr>
<tr><td>예술</td><td>정보</td><td>마이
스터</td><td>예술</td><td>공립</td><td>사립</td></tr>
<tr><td>학생 희망</td><td></td><td></td><td></td><td></td><td></td><td></td><td></td></tr>
<tr><td>학부형 희망</td><td></td><td></td><td></td><td></td><td></td><td></td><td></td></tr>
<tr><td>담임 의견</td><td></td><td></td><td></td><td></td><td></td><td></td><td></td></tr>
<tr><td>전문 상담
교사 의견</td><td></td><td></td><td></td><td></td><td></td><td></td><td></td></tr>
<tr><td colspan="2">비고</td><td colspan="7"></td></tr>
</table>

다고 정했다면, 자신이 해야 할 것을 '친구들에게 친절하기', '의학서적 보기' 등으로 미래에 할 일을 지금부터 해야 한다고 생각하는 경우가 많다. 그러나 이와 같이 습관 중심의 질문을 하게 되면 당장 오늘부터 바꿔야 할 습관을 떠올리게 되고 결국 목표를 향한 삶의 변화를 실천할 수 있다.

6

진로 장애물은 부모의 양육 태도에 있다 - 진로 장애물

❖ 4가지 유형의 부모

진로 장애물에는 다양한 요소가 있다. 성적, 직업 정보 부족, 의사 결정의 어려움, 자기 이해 부족 등이 있는데 이러한 장애물 뒤에는 부모의 잘못된 양육 태도가 있다. 보통 부모는 자녀 교육의 원칙 없이 자기 방식대로 판단의 기준을 갖고 아이를 다그치거나 똑똑하다는 식으로 칭찬을 한다.

원칙이란 모두에게 옳은 것이어야 한다. 예를 들면, 생명 존중, 정직, 공정함, 성실함 등이 있다. 자녀를 양육하는 데 부모는 이런 원칙을 기반으로 자녀 교육의 기준을 세워야 한다. 이 기준이 부모에게는 옳지만 다른 가족에게 옳지 않다면 잘못된 것이다.

중학교 3학년 병철이를 코칭했을 때 일이다. 병철이는 초등학교 6

학년 때 서울에서 김포로 이사를 갔는데 친구와 갈등이 생기면 곧잘 치고 박았다고 했다. 처음에는 많이 맞고 오니까 아버지가 속이 상해서 "죽지 않을 정도로 때리고 와라. 다치면 물어 줄게."라며 병철이를 다독였다. 그리고 며칠이 지나지 않아 병철이는 친구들과 또 싸웠고 돌을 들어 친구 머리를 내리쳤다. 그 사건이 너무나 커서 결국 아이들 싸움이 부모 싸움으로 이어졌다. 그 뒤 병철이는 싸움 잘하는 일진이라는 별명을 얻었고 공부는커녕 진로도 힘을 쓰는 일에만 관심을 갖게 되었다. 기준이 없는 부모의 자식 사랑이 낳은 결과였다.

자녀를 키우다 보면 어떻게 훈육해야 할지, 그리고 언제 통제를 할지 구분이 어려운 경우가 있다. 올바른 자녀 교육을 원한다면 애정과 통제라는 2가지 키워드를 기억해야 한다.

4가지 유형의 부모

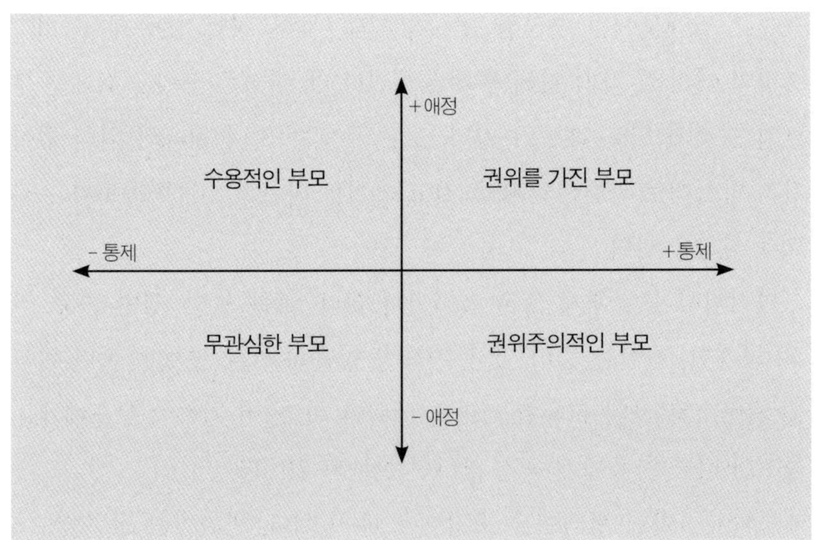

수용적인 부모

수용적인 부모들은 자녀에게 애정은 많이 주는데 적절한 통제를 하지 못한다. 이런 부모 밑에서 자란 자녀들은 자신감이 있고 적응을 잘하는 편이나 규율을 무시하고 제멋대로 행동한다. 부모의 통제로 자신의 충동을 절제하는 것이 훈련되어 있지 않다 보니 충동적인 의사결정을 하기 쉽다. 이들의 진로 지도를 보면 '아이가 원하는 직업'을 가지면 좋겠다는 생각을 가지고 있다. 그 직업이 미래 직업 세계와 어떻게 연결되어 있는지 알아보지 못하고 단지 아이가 원하는 대로만 따라갈 뿐이다. 이런 상황에서는 아이가 잘 선택하면 다행인 것이고 그렇지 않을 경우 부모 탓으로 돌릴 수도 있다.

무관심한 부모

무관심한 부모는 자녀에게 애정도 주지 않고 통제도 하지 않는다. 이런 부모의 자녀들은 독립심이 없고 자기통제력이 부족하기 쉬워 문제 행동을 많이 보인다. 이들은 부모의 관심을 확인하고 싶어서 때로는 일탈 행동을 하기도 한다. 이들은 자녀가 무슨 직업에 관심을 갖고 있는지 어떤 것에 흥미가 있는지 관심 있게 들여다보지 않는다. 그러면서 자기 인생은 자기가 알아서 하는 것이라고 일관한다.

아이에서 어른으로 넘어가는 그 시점에 자녀는 부모가 잘 돌봐주고 관심을 가져주길 바란다. 돈은 있는데 바빠서 자녀를 잘 돌보지 못하는 부모들은 돈으로 학원이나 컨설팅 기관에 자녀를 아웃소싱하는 것으로 자신의 역할을 했다고 생각하는 경우가 있는데 이는 잘못된 생각이다. 아이가 가장 필요로 할 때 함께 있어 주는 것이 부모가 자녀에게 줄 수 있는 선물이라는 것을 모르는 것이다. 돈을 많이 버는 것이 내 가족을 위하는 것이라는 생각에 속는 순간, 정말 돈으로 살 수 없는 소중한 시절이 지나가고 있다는 것을 깨달아야 한다.

권위적인 부모

권위주의적인 부모는 자녀에게 애정은 주지 않고 통제만 한다. 이런 부모 밑에서 자란 자녀들은 자신의 감정을 존중받은 경험보다 통제가 많았기 때문에 반항적인 태도가 있다. 진로 문제의 경우 자신이 하고 싶은 것이 있어도 부모님의 심한 반대에 부딪힐 경우 좌절하거나 아예 무관심한 태도를 갖는 경우가 많다. 그런 학생들이 주로 했던 말은 "어차피 안 될 건데 꿈같은 거 있음 뭐해요?"이다. 만약 가족의 정서가 이런 분위기라고 한다면 부모가 상담을 받아야 한다. 어떻게 보면 부모 역시 정서 행동에 어려움이 있고 그들도 그들의 부모로부터 애정 표현을 제대로 받지 못했을 확률이 높기 때문이다.

권위를 가진 부모

권위를 가진 부모는 리더십이 있는 부모이다. 이들은 자녀에게 애정도 주고 필요에 따라 통제도 한다. 이들은 자녀에 대한 사랑의 정의가 명확하다. 욕구를 읽을 줄 알고 행동을 수정해 주는 부모이다. 갈등 관계에 있다고 하더라도 감정에 휘둘려 공격하는 사람들이 아니다. 잘못한 내용을 이야기하되 분위기는 좋다. 이들은 자녀의 진로 지도에서 합리적인 의사 결정을 위해 끊임없이 소통을 한다. 소통을 통해 난관을 헤쳐 나간 경험이 있기 때문이다.

❖ 진로 장애물 1순위는 성적이다

중학교 1학년 진혁이는 초등학교 때 전교 학생회장을 했고 국제중학교 진학을 도전하기도 했다. 집안에서 진혁이에 대한 기대가 컸다. 하나를 알려 주면 10가지를 알아듣는, 능력 있고 똑똑한 아이라고 생각했다. 진혁이는 흉부외과 의사가 되어 가난한 사람들을 위해 봉사하는 삶을 살고 싶어 했다. 그런데 중학교 1학년 1학기 중간고사 평균 점수가 65점밖에 나오지 않았다. 기말고사는 평균 68점이었다. 이대로는 안 되겠다 싶어 부모님이 진단 컨설팅을 요청했다. 상담을 해 보니 진혁이는 의사가 되고 싶은 이유는 명확했으나 공부를 어떻게 해야 하는지, 언제 공부를 해야 하는지, 잘 모르고 있었다. 더 큰 문제는 학습 개념을 잘 모르고 있었다. 그래서 물어 보았다.

"진혁아, 정수가 뭐니?"

진혁이는 머뭇거리더니 대답했다.

"정해진 수?"

수학 시간에 선생님이 정수에 대해 이야기를 하면 진혁이는 계속해서 '정해진 수?'라고 생각했을 것이다. 수업을 들을 때 개념이 정리되지 않다 보니 수업이 성공할 수 없었던 것이다. 그러다 보니 자연스럽게 '나의 낮은 성적이 꿈을 이루지 못할 것이다.'라는 고정 관념이 마음속에 자리 잡게 되었다.

자녀가 꿈은 있는데 성적에 변화가 없다면 바로 이런 마음을 가지고 있지는 않은지 살펴보아야 한다. 오늘날 성적은 학생들이 가장 고민하는 진로 장애물이다. 이 진로 장애물을 제거해 주려면 초등학교 때부터 '독해'를 잘할 수 있도록 도와야 한다. 책을 많이 읽는다고 다 독서가 아니다. 교과서의 글을 읽는 동시에 이해를 하는 학생은 그리 많지 않다. 글 따로 의미 따로인 학생이 너무 많다.

독해를 잘하려면 훈련을 해야 하는데 그 방법은 바로 질문을 하는 것이다. 주어진 글을 자녀가 읽을 때 부모가 "여기서 의미하는 것이 뭐지?" 하고 질문하면 자녀는 생각을 한다. 그러면 자녀는 관찰력과 호기심으로 모르는 것을 알아 가는 기쁨을 느끼고 깨닫고 행동으로 옮긴다. 당장 성적이 좋다고 해도 부모는 끊임없이 자녀가 생각하는 공부의 이유는 무엇인지, 개념을 제대로 파악하고 공부하는지를 주도 면밀하게 살펴봐야 한다.

❖ 직업 카드 놀이로 다양한 직업의 정보를 얻는다

진로 발견에서 또 다른 어려운 것 중 하나는 바로 직업 정보의 부족이다. 진로 의사 결정을 할 때 어떤 직업을 골라야 할지, 고른 직업이 내게 맞는 것인지 알 수가 없으면 답답하다. 이런 학생을 위한 놀이 중 하나가 바로 직업 카드 놀이이다. 직업 카드 놀이의 목적은 직업 세계에 대한 이해를 넓히고 자신에게 맞는 직업 흥미를 탐색하고 그 특징을 이해하도록 돕는 것이다.

상근이는 중학교 시절에 동네에서 싸움깨나 하는 학생이었다. 멘사 출신 회원이었지만 초등학교 시절부터 엄마가 학원과 과외를 시키면서 공부에 대한 스트레스를 많이 받고 결국 학업을 중단했다. 중학교

2학년 때부터 공부를 하지 않더니 친구들과 싸움이 잦아지면서 자의 반 타의 반으로 자퇴를 할 수밖에 없었다.

17살에 코칭을 시작했는데 처음 만났을 때 귀를 뚫은 귀걸이를 했고 손목에는 작은 문신이 있었다. 아이인데도 첫인상이 무서웠다. 대화를 해 보니 미래에 대한 자신감도 없고 그냥 내키는 대로 사는 느낌이었다.

이후 상근이와 친밀한 관계를 형성해 가면서 진로 코칭 5회차 때 직업 카드 놀이를 활용하였다. 코칭을 하는 동안 상근이는 미래 직업에 대해 호기심을 갖게 되었고 대화 중 모르는 직업에 대해 이야기를 해 주면 잘 들었다.

상근이에게 먼저 직업 카드의 목적과 진행 과정을 설명해 주었다. 그리고 난 뒤 직업 카드를 아는 직업과 모르는 직업으로 분류하게 하고 모르는 직업에 대해서는 충분히 읽어 보게 했다. 총 250개 직업에서 상근이가 모르는 직업은 180개였다. 모르는 직업을 분류하는 동안 내내 상근이는 "와, 이런 직업도 있었어요?"라고 반문하였다.

그러고는 다시 싫어하는 직업, 좋아하는 직업, 어느 편도 아닌 직업 총 3가지로 카드를 분류시켰다. 분류하는 아이의 모습을 보니 직업에 대해 호기심이 많아 보였다. 그리고 싫어하는 직업 카드는 이유별로 분류하여 나누어 보게 했다. 왜 이 직업은 싫어하는지, 무엇 때문에 마음에 들지 않는지에 대해 이야기를 나누었다. 그리고 좋아하는 직업 카드는 왜 좋아하는지, 무엇 때문에 마음에 드는지 이야기를 나누었다.

상근이가 원하는 직업을 분류해 보니 기계공학자, 자동차 디자이너, 항공 엔지니어 3가지가 나왔다. 그 중에서도 자동차 디자이너에 매우 관심이 높았다.

상근이에게 부모님이 원하는 직업을 찾아보게 했다. 부모님이 상근이에게 원하는 직업은 공무원, 학교행정직원 등과 같은 안정성을 대표하는 직업들이었다. 부모님과 상근이가 원하는 직업에는 차이가 좀 있었다. 부모님은 안정적인 직업을 원하는 반면, 상근이는 모험심이 많은 직업을 선호했다. 특히 자기 표현이 충실한 자동차 디자이너가 되고 싶어 했다.

알고 보니 상근이는 부모님이 자신의 의사는 묻지 않고 반드시 공무원이 되어야 한다고 강요하는 것에 불만이 많았다. 직업 카드 놀이를 하면서 알게 된 상근이의 직업 선택의 기준은 보수, 능력 발휘, 사회적 인정이었다. 남들과 똑같은 것은 하고 싶지 않아 했고 자신의 능력을 발휘할 수 있는 직업과 보수가 많은 직업을 원했다.

그래서 마지막으로 상근이가 가장 관심 있어 하는 자동차 디자이너에 대해 자료를 수집하고 실제 자동차 디자이너를 만나기 위한 질문을 작성해 본 뒤 H그룹의 자동차 디자이너를 만났다. 상근이는 자동차 디자이너를 만나는 내내 호기심 어린 눈으로 직업 정보를 얻으려고 애를 쓰는 모습을 보였다. 상근이는 이 만남을 계기로 다시 검정고시를 준비하였다. 그리고 고등학교에 진학하여 산업디자인학과에 입학하기 위해 본격적으로 공부하기 시작했다.

이처럼 상근이에게 변화의 실마리를 제공한 것은 바로 직업 카드 놀이였다. 특히 손에 잡히지 않는 직업 정보 때문에 고민하는 아이들에게 직업 카드 놀이는 직업 정보를 줄 수 있을 뿐만 아니라 자신이 좋아하는 직업과 그것을 좋아하는 이유, 싫어하는 직업과 그것을 싫

직업 카드를 활용한 진로 지도 프로그램

단계	목표	구성
도입 단계	본 프로그램의 목적과 진행 과정에 대한 이해	- 인사하기 - 프로그램의 목적과 진행 과정 설명
분류 단계	다양한 직업의 세계에 대한 이해	- 아는 직업과 모르는 직업으로 카드 분류하기 - 모르는 직업 읽어 보기 - 카드 놀이
순위 결정 단계	자신의 직업 흥미 탐색	- 싫어하는 직업, 어느 편도 아닌 직업, 좋아하는 직업으로 카드 분류하기 - 싫어하는 직업 카드를 가지고 싫어하는 이유별로 분류하기 - 좋아하는 직업 카드를 가지고 좋아하는 이유별로 분류하기
확인 단계	자기 자신에 대한 이해	- 부모님이 원하는 직업 찾기 - 부모님의 직업 선택 기준과 자신의 직업 선택 기준을 서로 비교하기 - 직업 카드를 RIASEC 유형 6가지로 분류하기 - 유형별 공통점 찾기
발전 단계	과제 활동	- 본 활동을 통해 더 관심을 갖게 된 직업을 스스로 인터넷 사이트에서 찾아보기

어하는 이유를 이야기해 보면 자신의 직업 선택 기준을 파악하는 데 매우 큰 도움이 된다. 따라서 부모는 이런 직업 카드 놀이를 통해 먼저 자녀에게 다양한 직업 정보가 있다는 사실을 알려 주고 본인이 선택할 수 있는 기회를 준다면 효과적인 진로 탐색뿐만 아니라 가족 간의 소통도 더욱 활발해질 것이다.

❖ 학습이 아닌 학습 능력을 키운다

학습 능력은 진로 교육에서 매우 중요하다. 왜냐하면 어떤 직업을 가지려면 필요한 역량을 갖추어야 하기 때문이다. 축구선수는 공을 잘 차는 것, 가수는 노래를 잘 부르는 것 등 모든 직업은 필요한 고유의 능력이 있다. 이 능력은 학창 시절에 교과목을 통해 배우고 익히는 연습을 통해 길러지는 것이다. 그러나 문제는 하기 싫어하는 마음이 있을 때이다. 사람은 누구나 힘들고 어려운 일을 겪게 되면 회피하려는 성향이 있다.

자녀가 회피하려는 순간을 잘 이겨 낼 수 있도록 지도하는 부모가 있는가 하면, 마음이 약해서 그냥 하지 말라고 말한 뒤 비난하는 부모가 있다. 이럴 경우에는 어떻게 즐겁게 배우게 할 것인가를 고민해야 한다. 그래서 배우고 익히는 것이 어려운 것이 아니라 해결해 나가는 과정에서 의미를 발견하도록 지도하는 것이 올바른 교육이다.

궁극적으로 진로 문제는 부모가 책임질 수 없다. 그러나 자녀가 올바르게 선택할 수 있도록 충분한 조언은 해 주어야 한다. 어두운 터널을 지날 때 스스로 이겨 낼 수 있다고 믿도록 부모가 올바르게 칭찬하고 격려할 수 있다면 자녀는 충분히 이겨 낼 수 있다.

첫째, 과정에 대한 칭찬을 한다.

과정에 대한 칭찬은 매우 중요하다. 실제로 많은 부모가 결과만 두고 칭찬하는 경우가 많다. 공부도 안 하고 시험 성적도 안 좋을 것 같은데 막상 시험 성적이 괜찮으면 "머리가 좋은 놈이구나."라고 생각하면서 넘어간다. 그런데 그러면 안 된다. 과정이 엉망인데 성적이 잘 나오면, 우선 잘 나온 것은 인정해 주되 과정의 중요성을 '부실공사'의 원리에 빗대어 설명해 주어야 한다. 겉으로 볼 때는 멀쩡한 다리가 갑자기 한강 아래로 떨어졌던 사건을 이야기해 주면서 진짜 실력이 필요할 때 발휘하지 못하는 경우가 생길 수 있다는 것을 비유를 통해 말해 주면 좋다. 반대로 과정은 정말 열심히 했는데 이상하게 시험에서는 좋은 성적이 안 나온다면 과정에 대해서는 칭찬해 주되 시험 성적이 잘 나오지 않은 이유에 대해서는 함께 소통하고 대안을 세워야 한다.

둘째, 노력에 대한 칭찬을 한다.

"똑똑하다."는 칭찬보다 "노력하니까 되잖아."라는 식으로 노력에 대한 칭찬을 해 주어야 한다. 보통 "똑똑하다."라고 칭찬받는 아이들은 커 가면서 자신의 머리를 믿고 공부를 하지 않는 경우가 있다. 정말 머리만 믿고 있기 때문이다. 이런 학생들은 자존감은 좋을지 몰라도 성실성은 꽝이다. 이들은 머리가 좋아서 성공을 할 수는 있으나 진짜 어려운 상황이 닥치면 그 문제를 이기지 못하고 크게 좌절하는 경향이 있다. 반면 "노력하니까 되잖아."라고 칭찬받은 학생은 자신의 노력으로 성공했던 경험이 있기 때문에 힘들고 어려운 일이 주어지면 최선을 다해서 부딪치고 이겨 내려고 한다. 그리고 자신만의 노하우를 정리하여 자신의 삶에 적용한다.

셋째, 학습 능력의 형성 원리를 알려 준다.

배우는 것은 궁극적으로 학습의 목표가 아니다. 표현하는 것이 배움의 궁극적인 목표이다. 학습 능력은 배운 것을 표현할 때 향상된다. 표현하면서 두 번 배우게 되는 것이다. 표현을 하면서 자신이 무엇을 알고, 무엇을 모르는지 구분하는 능력도 생긴다. 즉 메타 인지가 되는 것이다. 자녀가 시험을 치른 날에 "시험 잘 봤어?"라고 물었을 때 "되게 잘 봤어."라고 대답했는데, 막상 성적표를 받아 보니 그렇지 못한 경험이 있을 것이다. 이는 자녀가 거짓말을 한 게 아니라 메타 인지 능력이 부족한 것이다. 자신이 정확하게 무엇을 이해하고 있고 또 무엇을 모르는지 확인할 수 있으면 학습 능력은 더 배양될 수 있다.

❖ 예체능 소질은 빨리 테스트를 받아라

준모는 축구를 매우 잘하는 학생이었다. 준모 어머니는 초등학교 교감 선생님으로 준모가 축구보다는 공부를 해서 대학 진학을 하고 졸업한 뒤에는 남 보기에 번듯한 직장을 갖길 바랐다. 그러나 준모는 그렇게 생각하지 않았다.

"한 번뿐인 인생인데 모험을 걸어야 하는 것 아니에요?"

준모 어머니는 아이를 달래려 축구협회에서 일하는 축구전문가가 되는 것이 어떠냐고 재차 제안했으나 아들의 굳은 의지를 바꾸지 못했다. 더욱이 고등학교 간 리그 대회에서 본인이 속해 있는 아마추어 팀이 우승을 하면서 축구선수에 대한 바람은 더욱 커져 갔다. 결국 어머니는 앓아누웠다. 안 되겠다 싶어 빨리 준모의 축구 실력을 테스트 받아 보라고 제안했다.

축구 코치가 테스트를 한 결과를 말했다.

"너 정도로 축구를 잘하는 애들은 너무 많다. 물론 지금 시작하면 축구선수는 될 수 있겠지만 밥 먹고 살 수 있을지는 모르겠다.”

대학에 대해서도 마찬가지로 말했다.

“지금 시작하면 대학은 갈 수 있을지 모르겠지만 서울 소재 대학교를 가기는 어려울 것 같다. 재수를 한다면 달라질 수도 있겠다.”

테스트를 받고 온 준모는 기가 한풀 꺾였다. 그리고 자신이 좀 더 일찍 축구를 시작했으면 지금과 같은 상황은 없었을 것이라며 엄마를 원망했다. 그래서 준모와 깊은 대화를 나누었다. 왜 축구선수를 그렇게 갈망하는지 물었더니 “축구를 하면 영어, 수학은 할 필요가 없잖아요.”라며 학업에 대한 싫증을 표현했다.

학생들이 잘못 인식하는 것은 예체능 쪽으로 진학하면 공부는 안 해도 된다고 생각하는 것이다. 그러나 요즘은 예체능 분야도 공부가 필수이다. 예체능은 공부와 실기를 모두 준비해야 하기 때문에 노력을 일반 학생들보다 2배 이상 해야 하는데 그것을 잘 모르다 보니 공부에 대한 회피로 예체능을 하고 싶어 하는 학생이 많다. 홍익대학교 미대도 2014년부터 실기를 보지 않는다. 왜 그럴까? 이제는 사회에서 다양한 사고를 가지고 문제를 해결할 수 있는 고퀄리티의 예체능인을 원하고, 이를 대학이 반영하기 때문이다.

이러한 움직임은 예체능 전공자들에게도 도움이 된다. 사실 예체능은 1인자가 되지 못하면 대안 직업을 선택하기가 문 · 이과에 비해 매우 어렵다. 만약 축구를 하다가 다리를 다치게 되었다고 가정해 보자. 공부를 하지 않았다면 다른 분야로 진출하기가 매우 어렵다. 그러나 공부를 병행했다면 비록 다리를 다치더라도 축구 분야에서 대안 직업을 선택할 수 있다. 적성만 맞는다면 축구행정을 할 수도 있고, 해설가도 될 수 있다.

따라서 자녀가 예체능 분야로 진학하기를 원한다면 부모는 공부와 더불어 실기를 준비해야 하는 부담감 그리고 회피성 진학이 아닌지 면밀히 살펴보고 빨리 테스트를 받아 볼 것을 권한다.

자기 주도적인 진로 진학 설계는 피드백이 중요하다 – 진로 계획

❖ 피드백은 지속적인 동기를 만들어 준다

진로 계획을 실천하다 보면 예상치 못한 장애물이 나타날 때가 있다. 장애물을 슬기롭게 해결해 나갈 수 있도록 돕는 것이 피드백이다. 피드백은 좋은 대화 분위기를 만들고 실수한 부분을 빨리 알아차려서 수정하게 만드는 힘이 있다. 또한 행동의 방향을 재설정하도록 돕고 보다 효과적인 자녀 진로 개발에 도움을 준다. 부모가 코치가 되어 자녀의 진로 진학을 올바르게 돕기 원한다면 피드백을 배울 필요가 있다.

첫째, 자녀의 의사소통 채널을 맞추어야 한다.

자녀와 소통할 때는 무엇보다 부모의 목소리 톤을 자녀의 목소리 톤과 속도에 맞추어야 한다. 톤과 속도를 맞추지 않으면 괴리감이 생겨 목소리가 더 큰 사람이 대화의 주도권을 갖게 된다. 그러나 톤과 속도를 맞추게 되면 동질감이 자연스럽게 형성되기 때문에 평안한 대화가 된다.

둘째, 진로 진학에 대한 객관적인 정보를 명확하게 알아야 한다.

어설픈 정보가 사람을 잡는 경우가 있다. 어설픈 정보의 결과는 조바심을 갖게 한다. 조바심을 갖고 결정하는 것들은 좋지 못한 결과를 가져올 확률이 높기 때문에 부모는 정확한 진로 진학 정보를 알고 있어야 한다.

셋째, 칭찬은 다섯 번, 개선 사항은 한 번으로 한다.

자녀의 잘못을 이야기하기 전에 칭찬을 먼저 해 주는 것이 효과적이다. 칭찬을 먼저 해 주면 자신이 먼저 인정받고 있다는 생각이 들어 대화 분위기가 좋아진다. 대화 분위기가 좋은 상태에서 개선 사항 1가지만을 요청하면 자녀는 충분히 수용할 것이다.

위 3가지를 터득하여 자녀에게 피드백하면 동기가 생긴다. 지속적인 동기는 꾸준한 피드백을 바탕으로 하기 때문에 부모는 피드백의 태도와 기술을 연마하는 것이 좋다.

❖ 사명서를 쓰면 어떻게 살아갈지 고민하게 된다

진로 문제는 장기적인 관점에서 효과적으로 관리해야 한다. 자신이 앞으로 어떻게 살아갈지 고민하고 선택한 것을 문서화하는 개인 사명서를 자녀와 함께 작성해 볼 것을 권한다. 사명서는 '목숨(命)을 사용하는 문서'라는 뜻으로 인생의 나침반에 비유하는데 사춘기 학생들에게 삶에 대한 긍정적인 시각과 진로 의식을 고취시켜 준다는 점에서 매우 유용하다.

사명서는 가족끼리 늦은 주말 저녁 시간에 작성하는 것이 좋다. 먼저 한 해 동안 찍은 사진들을 정리하면서 이야기를 나눈다. 앞으로 어떻게 살고 싶은지에 대해서 가족 모두가 이야기를 나누는데, 대화하는 것이 익숙하지 않다면 포스트잇에 관련 키워드를 적은 다음 이야기를 나누면 한결 수월하다.

그런 다음에 자신의 가치관을 꿈으로 표현한 자기 선언 문구를 적는다. 예를 들어, "나는 이 땅의 모든 청소년이 자신의 꿈을 회복할 수 있도록 돕는 사람이다."와 같이 자기 선언 문구를 종이에 쓴다. 그리고 꿈을 이루기 위해 자신에게 주어진 역할을 고민하고 어떻게 살 것인지 서술해 본다. 각각의 역할은 아들, 오빠, 학생, 친구 등과 같은 자리를 일컫는다. 역할을 제대로 인식하면 행동 변화가 일어난다.

다음은 서울대학교 의예과에 입학한 인우의 사명서이다. 고등학교 1학년인 인우는 자신의 꿈을 위해 역할별로 자신이 무엇을 해야 할지, 무엇을 하지 말아야 할지 분명하게 알고 있었다. 이 사명서는 인우가 힘들고 지칠 때 버틸 수 있는 힘이 되었다고 한다. 결국 인우는 2년 뒤에 서울대학교 의예과에 입학했고 자신의 꿈에 한 걸음 더 다가가게 되었다.

**나는 가난한 사람들과 부상당한 사람들을
의학으로 사랑하고 만지는 사람이다.**

나 자신으로서 나는 내 자신을 사랑하고 언제 어디서 무엇을 하든지 늘 자신감을 갖고 항상 온몸에 긍정적 에너지로 충만한 삶을 산다.

아들로서 나는 부모님의 말씀에 경청하고 순종하며 아무리 짜증나는 일이 있어도 마음을 차분하게 하고 늘 경어체를 쓴다.

학생으로서 나는 어디서 무엇을 하든지 매사에 충성하고 학생의 본분이자 의무인 공부를 열심히 한다.

친구로서 나는 늘 친구를 배려해 주며 도움이 필요하면 언제든지 도와주며 그들의 조언과 충고를 잘 듣는다.

한 사회인으로서 나는 다른 사람에게서 늘 배우고자 하는 자세가 있는 겸손한 사람이다.

형으로서 나는 동생을 감싸 주며 언제나 따뜻한 웃음을 지어 준다.

학생부의 한 임원으로서 나는 매사에 충실하고 책임감을 가지고 중 · 고등부의 부흥을 위해서 애쓴다.

학교 부회장으로서 나는 내 주장만 고집하기보다는 남의 말을 잘 듣고 존중한다.

헵시바 밴드의 일원으로서 나는 늘 연습할 때 최선을 다해서 연주한다.

그리스도인으로서 나는 남을 깎아 내리기보다는 나를 낮추고 남을 높인다.

작성날짜 : 2012년 10월 17일

서명 : 박인우

❖ 비전 맵은 눈에 보이는 목표 관리를 위해 필요하다

사명서가 나침반이라면 비전 맵은 꿈을 찾아가는 지도이다. 비전 맵을 작성하면 자신의 목표를 보다 구체화할 수 있기 때문에 동기 부여에도 도움이 된다. 특히 직업 달성 경로가 불분명한 학생일수록 비전 맵을 그려 보면 자신에게 현재 필요한 정보가 무엇인지 알게 된다.

다음은 비전 맵을 만들기 위한 질문들이다.

1. 무한한 시간과 돈이 주어지면 무엇을 하고 싶은가?

2. 미래에 궁극적으로 얻고 싶은 것은 무엇인가?

3. 만점을 받는다면 어떤 직업을 갖고 싶은가?

4. 꿈을 발견하기 위해 현재 나에게 필요한 것은 무엇인가?

5. 살면서 가장 중요하게 여기는 가치는 무엇인가?

6. 누구를 도우며 살고 싶은가?

7. 어떤 사람들과 함께 어울리며 살고 싶은가?

8. 유명해져서 신문기자가 인터뷰를 요청해 온다면 어떤 질문들을 받고 싶은가?

9. 신문에 자기 자신이 어떤 사람이라고 소개되면 좋겠는가?

10. 닮고 싶은 사람은 누구이고 그 이유는 무엇인가?

위의 질문들은 자신의 목표를 선명하게 찾아보기 위한 것이다. 자녀와 깊은 대화를 나누고 싶다면 이 질문들을 이용해 보라. 대화의 품격이 높아질 것이다.

위의 10가지 질문을 토대로 자신의 진로 문제를 충분히 생각해 보고 비전 맵을 그려 보자. 자신이 되고 싶어 하는 미래의 모습은 어떤 모습인지, 무엇을 꿈꾸며 살고 싶은지 등을 고민하고 작성한다면 삶을 바라보는 시각이 조금은 건강하게 될 것이다.

다음은 앞에서 소개한 인우의 비전 맵이다.

인우는 자신의 비전 맵을 웹툰 형태로 표현하여 영화 필름처럼 꾸몄다. 그리고 사명서와 비전 맵을 책상 앞에 붙여 두고 슬럼프에 빠질 때마다 바라보고 이겨 내는 연습을 했다. 결국 인우는 자신의 꿈을 이루었다.

많은 학생이 비전 맵을 어떻게 작성하느냐고 묻는데 사실 비전 맵의 형태는 마인드 맵이나 영화 필름처럼 표현해도 상관이 없다. 다만 진로 진학 달성 경로를 참고하여 구체적으로 작성하는 것이 중요하다. 직업 달성 경로가 없는 상태에서 비전 맵을 작성하면 그 귀중한 시간에 의미 없는 행동을 하고 있다는 것을 기억해야 한다.

❖ 시간 관리는 꿈을 이루는 습관이다

유명한 경영학자 피터 드러커는 "시간은 부족의 문제가 아니라 관리의 문제"라고 말했다. 다시 말해 일상생활에서 시간을 어떻게 관리하느냐에 따라 꿈이 이루어질 수도 있고 이루어지지 않을 수도 있다는 것을 이야기한 것이다.

진로 진학 계획을 제대로 실천하려면 우선 자녀의 지난 일주일 시간을 점검해 보아야 한다. 그리고 꿈을 갉아 먹는 시간은 무엇이었는지 분석해 볼 필요가 있다. 이를 시간 도둑이라고 표현하는데, 수업 시간 도중에 친구와 잡담하기, 하루 종일 PC방에서 인터넷 게임으로 시간 보내기 등 선택과 집중에 방해가 되는 모든 행동을 말한다.

운동으로 시간 도둑을 잡다

수원에 사는 강욱이는 자신의 시간 도둑을 하루 게임 3시간이라고 했다. 하루 게임을 3시간씩 하게 된 이유는 방과후에 아무도 없는 집에서 무엇을 해야 할지 모르고 심심함을 느끼기 때문이라고 했다. 집에서 가장 쉽게 접할 수 있는 일이 눈에 보이는 컴퓨터 전원 스위치를 켜고 게임을 하는 것이라고 했다. 강욱이에게 스스로 생각하라고 한 다음에 물었다.

"너의 시간을 빼앗는 게임을 어떻게 하면 그만할 수 있을까?"

그러자 강욱이는 대답했다.

"우선 자신의 꿈을 명확하게 구체화하는 것, 그리고 컴퓨터를 거실로 옮기는 것이에요."

그래서 강욱이가 제시한 대안을 행동으로 옮길 때 방해가 될 수 있는 장애 요소를 예상해 보자고 했더니, 바로 게으름이라고 대답했다. 마지막으로 장애 요소를 제거하기 위한 방안으로 강욱이는 운동을 선택했다. 자신의 의지를 다질 수 있는 운동 한 가지를 꾸준히 함으로써 게으름이라는 장애 요소를 제거하겠다고 생각한 것이다. 이를 도표화하면 다음과 같다.

잡아라, 시간 도둑

시간 도둑	원인	대안	장애 요소	장애 요소 제거
게임 3시간	지루함/컴퓨터	꿈을 구체화하기/ 컴퓨터 치우기	게으름	운동하기

강욱이처럼 시간 도둑이 무엇인지 찾았으면 원인을 파악하도록 한다. 그리고 원인에 따른 해결 방법과 방해가 될 수 있는 장애 요소들을 파악하고 제거한다. 이를 순서화하면 다음과 같다.

첫째, 시간 도둑 원인 적어 보기

둘째, 원인 파악하기

셋째, 대안 세우기

넷째, 장애 요소 적기

다섯째, 장애 요소를 제거하기 위한 대안 세우기

분석이 완료되면 곧바로 실행에 집중해야 한다. 표를 만들고 난 뒤에 꾸준히 실천으로 옮기려면 앞서 이야기한 부모의 피드백이 필수이다. 시간 관리는 지속적인 피드백과 함께 순서화할 때 잘할 수 있다.

❖ 주말 가족회의는 진로 성숙도를 높인다

진로 교육을 이야기하면서 가족에 대한 이야기를 매번 강조하는 이유는 가정이야말로 자녀의 인성과 학습 그리고 진로를 도와줄 수 있는 최고의 훈련 장소이기 때문이다. 가정의 역할은 핵가족 시대로 접어들면서 그 기능이 축소되었다. 하지만 여전히 자녀 교육에서 가정은 정서적으로 자녀가 꿈을 이룰 수 있도록 돕는 토양과 같다.

특히 집안의 대소사를 놓고 이야기할 것이 많은 가족이라면 반드시 가족공헌서를 만들어 볼 것을 권한다. 가족공헌서는 가족의 인생 나침반과 같기 때문에 집안의 대소사를 놓고 의사 결정을 할 때 많은 도움이 된다. 가족공헌서를 만들려면 우선 가족이 모인 목적을 명시화하여야 한다. 그리고 가족의 사명과 핵심 가치를 정하고 각자의 역할을 중심으로 주기적으로 피드백을 권한다.

다음은 한 가족의 가족 운영 매뉴얼을 문서화한 예이다.

1. 사명 : 우리는 서로 귀 기울여 주고 배려해 주며 품어 주는 가족이다.

2. 핵심 가치관 : 성장, 배려, 인정, 전문성, 사랑, 행복

배려라는 핵심 가치가 돋보인다. 무엇보다 서로에게 귀를 기울여 준다는 것은 충분히 이야기를 듣는 문화로 만들겠다는 뜻이다.

3. 올해 비전
① 가족의 소중함을 경험하는 우리
② 서로에게 사랑을 표현해 주는 한 해

비전 역시 가족의 소중함을 경험하고 사랑을 표현해 주는 것으로 삼았다.

4. 올해 목표
① 가족 사회봉사로 소중함 얻기(월 1회)
② 매월 가족 MVP 시상(가족회의에서)

③ 2개월마다 가족 모두 요리하기

목표는 마감 시간이 있는 꿈이라고 한다. 이 가족은 올해 목표를 매월 사회봉사를 함께 하고 가족 MVP를 시상하는 것, 2개월마다 가족 요리를 통해 소중한 경험을 하고 싶어 한다는 것을 알 수 있다.

5. 역할 지각

아빠 : 명령조가 아니라 권유형으로 말하기

엄마 : 가족의 이야기를 끝까지 듣고 우선 공감해 주기

누나 : 배려를 통해 가족의 필요를 알아차리기

동생 : 플래너 사용으로 규칙적인 생활하기

목표를 이루기 위해 이 가족은 각자 역할별로 자신들이 해야 할 것과 하지 말아야 할 것을 명확히 구분했다.

이처럼 가족공헌서를 작성하고 나면 매주 1회 2시간 가족회의 시간에 피드백 시간을 가져야 한다. 지속적인 피드백 시간을 가짐으로써 훈련을 확실히 할 수 있다. 자녀들이 어떤 일을 할 때 한 가지를 꾸준히 못한다고 나무랄 것이 아니라 부모가 함께 꾸준히 해야 할 것을 묵묵히 함으로써 함께 성실성을 기를 필요가 있다.

가족회의의 주제는 자녀의 진로, 학습, 생활 습관, 집안의 대소사 등이 될 수 있다. 가족회의를 통해 자녀는 합리적인 의사 결정을 배울 수 있고, 가족이 뭉치면 뭐든지 해결해 나갈 수 있다는 무한 신뢰감을 느낄 수 있다. 그러므로 피드백은 반드시 지속적으로 해야 한다.

진정한 교육의 핵심은
올바른 가치관을 갖고
독립된 인간으로 거듭나는 것이다

지난 13년 동안 아동·청소년을 대상으로 코칭을 하면서 학생들이 가장 고민하는 것은 바로 성적, 진로, 관계라는 것을 알게 되었다. 그들의 고민이 나의 고민이 되면서 '어떻게 그들을 도울 수 있을까?'라는 물음표에 답을 찾기 위해 공부하고 또 공부했다.

코칭을 만난 것은 내게 은혜였다. 많은 툴이 있었으나 학생들의 잠재 능력을 이끌어 내는 기술은 컨설팅, 멘토링도 아닌 코칭이었다는 것을 학생들의 임상을 통해 경험하면서 삶의 의미가 충만해졌다.

진로 코칭은 무엇보다 학생들에게 행복한 삶의 길을 열어 주고 삶의 동기를 갖게 해 준다는 점에서 매우 유용하다. 공부법 코칭은 자신만의 공부법을 갖고 싶어 하는 학생들에게 올바른 공부 습관을 만들어 주는 효과가 있다. 그러나 이 모든 것은 삶을 대하는 자세, 즉 인성이 뒷받침되지 않으면 안 된다는 것을 절실히 느꼈기에 각각의 주제를 다룬 책 3권을 함께 내게 되었다. 부디 이 책들이 여러분 자녀가 올바른 가치관을 가지고 건강하게 독립하는 데 도움이 되길 바란다. 도움이 필요하다면 엄코치연구소(www.eomcoach.com) 정회원 가입을 통해 도움 받길 바란다.

책이 나오기까지 함께 고생해 준 분이 무척 많다. 원고를 믿고 끝까지 기다려 주신 출판사 임직원 여러분들, 엄코치연구소 식구들, 덕소 가족들 그리고 사랑하는 아내와 정원! 모두에게 고맙다는 말씀을 전하고 싶다. 이 모든 감사를 그분께 드린다.

엄명종

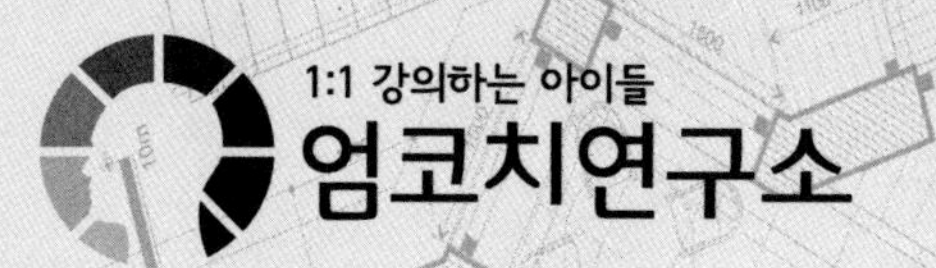

1:1 진로코칭

엄코치연구소의 진로코칭은

효과적인 질문과 답을 통해 학생 스스로 자신의 삶의 목적으로 발견해 나갈 수 있도록 자기탐색, 직업탐색을 함께 도모합니다.
'너 공부해, 공부좀 해라' 라는 말 보다, 학생이 정말 무엇을 좋아하는지, 또 무엇을 잘 할 수 있는지,
직업을 선택할 때는 무엇을 중요하게 여기는지 우리는 주도면밀하게 살펴보는 것으로 시작합니다.
궁극적으로 충분한 자기 이해를 바탕으로 정체성을 효과적으로 확립할 수 있도록 하며,
올바른 자기정체성을 확립하도록 돕고 난뒤 직업세계를 탐색하는 과정입니다.
* 진로코칭은 세상의 필요와 자녀의 재능이 만나는 지점을 대화로 찾아가는 과정이기 때문입니다.

1:1 공신공부법코칭

엄코치연구소의 공부법코칭은

3년에 걸쳐 수능 상위 1%의 대학생들을 대상으로 연구조사를 바탕으로 기획되었습니다.
신기한 것은, 상위 1% 대학생 중 그 어떤 학생도 시중에 나와 있는 52가지에 달하는 공부법을 모두 적용하고 있지 않았습니다.
다만, 자신만의 필살기라고 하는 공부법 한가지를 꾸준하게 활용하고 있었습니다.
엄코치연구소에서는 공신들의 공부법에서 가장 공통적이고 효과적인 것이 무엇인지 "성격"과 연관하여 연구하였습니다.
성격유형별로 공부방법을 달리 적용할 수 있음을 깨닫고, 이를 프로그램화하여 제공합니다.
* 공신공부법은 공부의 원리(이해-요약-암기-적용)를 적용한 다양한 공부도구를 활용합니다.

1:1 전문코칭과외

엄코치연구소의 전문코칭과외는

티칭이 아닌 코칭을 합니다. 담당 과외코치는 학생들을 코칭하고, 학생들은 코치에게 티칭합니다.
과외코치와 학생 사이의 질문과 답이 반복되면서, 학생은 자신이 이해한 것과 이해하지 못한 것을 자연스럽게 구분합니다.
즉, 구분의 과정을 통해 이해하지 못한 것과 암기하지 못한 것을 분류하여 스스로 학습하는 "자기주도학습"을 이룹니다.
맞춤형 개별코칭이라는 특별한 교수법을 통해 학생 스스로가 공부하고 깨달을 수 있도록 도와주십시오.
* 전문코칭과외는 과외기간을 단기로 줄여 스스로 공부시스템을 갖도록 돕는 것 입니다.

자기주도학습을 이끌 공부도구인 노트와 학습, 진로에 맞는 플래너 활용법에 대한 설명회가 진행됩니다.
자세한 내용은 하단 홈페이지를 참고하세요!

contact us

홈페이지	http://www.eomcoach.com/
주　　소	서울특별시 강남구 대치동 942 4층
전　　화	02-512-7000
전자우편	ceo@eomcoach.com